本书编委会

教师专业发展学校探索书系

本书出版得到韩山师范学院广东省中小学教师发展中心经费支持

教改路上

以美育为核心的
校本文化发展研究 教学研究篇

主　编◎陈伟群　唐大光　　副主编◎余维绵　李丹妮

暨南大学出版社
JINAN UNIVERSITY PRESS

中国·广州

图书在版编目（CIP）数据

教改路上：以美育为核心的校本文化发展研究．教学研究篇/陈伟群，唐大光主编；余维绵，李丹妮副主编．—广州：暨南大学出版社，2018.11
（教师专业发展学校探索书系）
ISBN 978－7－5668－2385－4

Ⅰ.①教…　Ⅱ.①陈…②唐…③余…④李…　Ⅲ.①课程—教学研究—中学
Ⅳ.①G632.0

中国版本图书馆 CIP 数据核字（2018）第 103741 号

教改路上——以美育为核心的校本文化发展研究（教学研究篇）
JIAOGAI LUSHANG——YI MEIYU WEI HEXIN DE XIAOBEN WENHUA FAZHAN YANJIU
（JIAOXUE YANJIU PIAN）
主　编：陈伟群　唐大光　副主编：余维绵　李丹妮

出 版 人：徐义雄
责任编辑：武艳飞　曹　军
责任校对：彭　睿
责任印制：汤慧君　周一丹

出版发行：暨南大学出版社（510630）
电　　话：总编室（8620）85221601
　　　　　营销部（8620）85225284　85228291　85228292（邮购）
传　　真：（8620）85221583（办公室）　　85223774（营销部）
网　　址：http://www.jnupress.com
排　　版：广州市天河星辰文化发展部照排中心
印　　刷：湛江日报社印刷厂
开　　本：787mm×1092mm　1/16
印　　张：9.75
字　　数：240 千
版　　次：2018 年 11 月第 1 版
印　　次：2018 年 11 月第 1 次
定　　价：36.00 元

前　言

一

作为基层的教育工作者，我们常常感叹当前的学生难教，例如，有些学生对学校教育有抵触和厌烦情绪；有些学生精神萎靡，不思进取，不懂感恩。这些问题折射出当前学校教育的缺失和弱化。

当我们感到困惑时，要反思一下自身存在的问题，办教育事业是否真正做到了"以人为本"，"以学生为本"？需要指出的是，当前，学校对学生在情感、趣味和人格方面的培养十分薄弱，我们的教育是不是外加的多，内在的少？刚强的理性多，温柔的感性少？我们是否忽视了对学生情感教育的培养太久太久！

教育是对生命的重塑过程，是"精神的唤醒、潜能的显发、内心的敞亮、主体性的弘扬与独特性的彰显"。学生不仅需要成绩，需要成长，更需要被唤醒并接受培养。教师应提升学生人格的整体性，让其既情感丰富又充满个体的创造力，懂得不断实现和更新生命，始终保持着生命的活力和满腔的热情，使他们具有求真的科学素养、向善的人文精神和独特的审美情怀。

因此，及时受到美的感化和熏陶，心灵得到洗涤和净化，对正处于成长阶段的青少年的健康成长和幸福人生而言，意义深远。

二

2005 年，潮州市高级实验学校创办。如何办好一所学校？一所学校只有形成个性化的文化特质和品牌形象才能在竞争中取得优势？这是摆在我们面前的艰巨任务。

于是，2009 年，学校提出创建"全国最美初中"的目标，以"美"为导向，充分挖掘我校独特的自然之美和人文之美，使学校的内涵和形式达到美的和谐，自然景观和人文景观交相辉映；形成良好的领导作风、教师师风、学生学风；彰显我校鲜明的办学特色，让热爱美、创造美成为全校师生一种自觉的、持久的追求。因此，以美育为核心的校本文化发展研究作为先导，成为我们解决教育教学所面临的问题的有效探索。

三

蔡元培定义美育为："美育者，应用美学之理论于教育，以陶养感情为目的者也。""凡是学校所有的课程，都没有与美育无关的。"苏霍姆林斯基认为："要实现全面发展，就要使智育、体育、德育、劳动教育和审美教育深入地相互渗透和相互交织，使这几方面的教育呈现为一个统一的完整过程。"

我校开展"以美育为核心的校本文化发展研究"，以课堂教学为学校美育的主阵地。各学科以美学为指导，开展相关子课题的研究，挖掘知识中蕴含的情感等美学因素，重视学生趣味教育和情感教育，培养学生的观察力、联想力、感悟力、创造力等感性能力，使学生在获得知识和提升智慧的同时，情感态度与价值观也得到相应的提升。在语文、思想品德、历史等学科中，重视对学生进行情感教育；在数学和科学等学科中，引导学生以"求真"为美，同时重视挖掘"科学美"等美学因素，让刚的理性认识与柔的感性认识相互促进，协调发展。

语文学科组通过课题研究，倡导以人为本和主动探究的教学理念：智慧课堂要求教师在教学中主动去聆听和体察学生的内心世界，智慧地洞察他们的心理需求和行为变化，尊重他们的个性和尊严，同时充分发挥主动性，创造性地使用教科书和其他有关资料，并结合自己的教学实践，对自己的教学行为加以反思、研究和改进，最终在课堂教学中践行教学机智，把智慧的课堂与美的教育融为一体。

英语学科组提出了"寓美育于其中，培养身心健康，善于发现美，懂得欣赏美的一代新人，从而为他们的健康成长奠定心理和思想基础"的教学目标。形成了初中英语高效课堂模式教学的理论基础和教学模式，有效地指导了英语课堂教学，课堂上师生互动、合作探究、个性发展、激情四射、轻松愉悦。用自己的真情激发学生的情感，使学生在产生浓厚的兴趣之下积极主动学习英语；同时，学生在教师情感的熏陶下，其身体、心灵得到净化，想象力和创造力得到丰富和发展，培养了他们良好的情感和审美情操。

数学学科组的老师们引导学生赏析代数之美、赏析图之美，发现数学中的简洁美、比例美、和谐美、题目美、解法美和结论美。将追求数学美作为学生学数学的动力来源之一，带领学生进入数学美的乐园。

思想品德学科组在研究中以新的教学理念指导教学实践，把美育教育渗透到课堂教学实践中，运用以美导真、以美导善的原则，引导学生"求真向善"，实现美育与德育的有机统一。

此外，其他学科组也在教学中采取美的教学方法，变说教式为情感式，变单向式为多向式，变封闭式为开放式，注重美育与实践活动相结合，拓宽审美空间，突出学生的主体性，融教学内容美、教学形式美、教学氛围美、教学形象美于一炉，给学生以美感享受，激发学生的学习兴趣和探索真理的热情。

四

　　潮州市高级实验学校是一所年轻的学校，建校之初，每年都有二十多位新教师加入，他们虽经验不足，但求知欲强，充满向上的力量。恰逢新课程改革，学校制订了青年教师成长计划，以教育科研为先导，对青年教师"压担子"，支持他们参加各级业务培训，开展师带徒的"一帮一"活动，参加各级教学比赛等，创造条件让他们得到锻炼，而他们也不负众望，在全国、省、市的各类比赛中均取得了佳绩。

　　本书就是潮州市高级实验学校的老师们在开展"以美育为核心的校本文化发展研究"中的教学研究论文。限于编者的水平，其中不免有错谬之处，敬请读者朋友不吝赐教。

　　在此，衷心感谢全体作者和参加本书编校工作的所有朋友。

编　者

2018 年 3 月

目　录

渗透数学文化　丰富多彩课堂

陈雪月

摘　要：新课标特别强调数学文化的重要作用，若能在教学中渗透数学文化，使数学课堂彰显数学文化的魅力，必定能够提高学生的学习兴趣，培养学生的数学素质，并使其内化为学生的气质、修养，成为学生终身的内在品质。在初中数学教学中，如何渗透数学文化、提高学生的学习兴趣，已引起教育工作者的重视和探讨。

关键词：初中数学　数学文化　渗透　探讨

在日常生活中，不难发现这样一种现象：许多学生在离开学校后，当被问到哪些数学知识、技能现在还派得上用场时，他们或者茫然不知，或者干脆回答：以前学习数学，只是为了应付考试。也就是说，一旦考试结束，数学的教育功能也就寿终正寝了，这不能不说是数学教育的悲哀。实践证明，在数学教学中，如能渗透数学文化教学，能有效提高学生的学习兴趣。

一、数学教学中忽视数学文化渗透的原因

数学教学中忽视数学文化的渗透，主要有两个方面的原因。

（一）传统的课堂教学模式

数学中蕴含的文化价值是客观存在的，但学生往往感觉不到，主要原因是我们的课堂教学基本上是"概念—定理—例题—习题"的模式，将思路与视野限制在计算和推理上。课堂上只剩一行行数字，一串串符号，一个个图形。而且，在这种模式下，我们往往只注重学科内知识的联系而忽略学科间的联系，使课堂显得呆板、冰冷。正如一位智者所说："一位充满数学活力的美女，只剩下一副 X 光照片上的骨架了。"这大大影响了对学生创新能力的培养，而数学教育本身已经存在着一种脱离文化的危机。

（二）唯分数，唯考试

考试是当前初中教学唯一的评价体系。为了提高成绩和升学率，教师更注重学生解题能力的培养，自然就忽略了数学文化的渗透，使得学生整天沉浸在题海中，陷入"不识庐山真面目，只缘身在此山中"的盲目状态，因此学生的数学文化素养也无法得到培养。

二、数学教学渗透数学文化的途径

新课标明确指出："数学是人类的一种文化，它的内容、思想、方法和语言是现代文

明的重要组成部分。"课程改革使数学文化走进课堂。因此，在课堂教学中，教师渗透数学文化，丰富数学课堂，努力使学生在学习过程中真正受到数学文化熏陶。在实践中，可以做以下尝试。

（一）挖掘教材中的"数学美"，渗透数学文化的美学教育价值

数学文化的美学观是构成数学文化的重要内容。数学中的美大致可以分为四类：简洁美、和谐统一美、奇异美和对称美。我国著名数学家徐利治先生明确指出："数学是人类文明的结晶，数学的结构、图形、布局和形式无不体现出数学中美的因素。"可见数学美无处不在，初中教材中到处可以挖掘数学美，这为数学的美育功能提供了很好的素材。简洁美在数字符号、运算符号等数学符号上，在命题的表述和论证上，在数学的逻辑体系上都有表现。几何学内部追求统一，例如，所有的相似三角形，不论大小如何，也被视为同一类几何图形，体现出数学中的和谐统一美。数学中的奇异美则是吸引人们去考察、了解、研究、欣赏数学的重要原因。数学运算中交换律渗透着对称美，在几何图形中更是存在着大量对称美的例子。例如，在学习轴对称一课时，围绕轴对称图形，笔者设计了以下环节：创情境，提兴趣——"识"对称，悟特征——"赏"对称，扩视野。本节课，借助多媒体技术，将桂林山水的录像片段搬上课堂，让学生边欣赏美丽的桂林山水，边听动人的音乐，屏幕中山水相依，将学生带进一个轴对称的教学情景中；在"赏"对称环节中，通过欣赏建筑中的对称（埃菲尔铁塔、东方明珠、天坛、天安门……），剪纸中的对称（窗花、风筝……）使课堂显得生动形象，在引导学生感受物体或图形对称美的同时，激发了学生的数学审美情趣。

此外，在例题教学中我们要适当选用具有数学美的题目，实现以美启智，同时让学生感悟到数学解题是一种审美活动，学生解题时，一旦题目提供的知识信息与学生的审美情感吻合，就会激起学生的审美直觉，从而迅速、正确地确定解题方法、解题思路、解题策略。

数学是美的，教材是美的，在教学中让学生欣赏数学美，可大大改变目前数学课堂枯燥乏味的现状，让学生在赏心悦目中陶冶性情，培养他们审美、鉴美能力，提高创造力。

（二）引入数学史，渗透数学文化的科学、人文教育价值

数学史是构成数学文化的一个模块。在新一轮中小学数学课程中，数学史被看作是理解数学的一种途径。初中数学教材在彩页插图、情境创设、阅读与思考等编排中渗透了数学史的素材，这些素材是丰富的，有可动学生之情的数学人文知识、精神，有可发学生之志的数学家的趣闻、轶事，有可启学生之智的数学重大思想、猜想。

例如，在传统的勾股定理教学中，教师往往对定理的证明方法一笔带过，将重点放在定理的应用训练上。而笔者则设计了一堂"勾股定理证法"的活动课，以勾股定理的证明为介绍内容，分直接法、面积法、拼拆法、剖分法四种典型的思考方法进行介绍，介绍历史上一些有名的证明方法，如：赵爽弦图证法（见图1），它是建立在一种不证自明、形象直观的原理上，学生在拼、凑、补等实践活动中，体会中国传统文化中寓理于算的风格。其展示的割补原理和数形结合的思想不仅拓展了学生的数学思想，更让学生看到了中

国传统数学文化的精髓，对学生继承和发扬传统文化起着潜移默化的熏陶作用。欧几里得证法（见图2），则给我们展示的是西方数学文化传统的另一侧面，它完全脱离了实物的支撑，注重探索的过程及对数学美和数学理性的追求，使学生的思维得到锻炼。

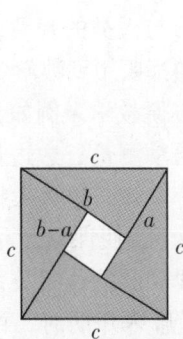

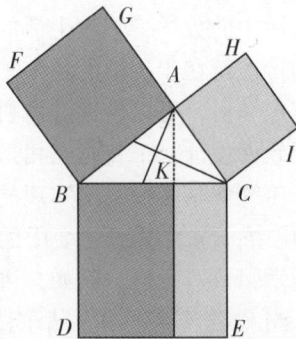

图1　赵爽弦图证法　　　　图2　欧几里得证法　　　　图3　加菲尔德证法

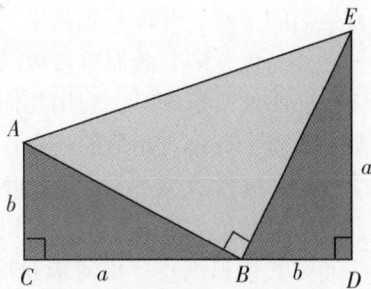

在讲完证明之后，笔者让学生阅读课后的勾股定理的第三种证明方法（见图3），学生很容易就能证明勾股定理的结论。接着向学生讲这道题背后有趣的"幕后花絮"。该种证法是由俄亥俄州共和党议员詹姆斯·艾伯拉姆·加菲尔德和其他议员一起做数学游戏时想出来的，后来加菲尔德当选为美国总统。学生听了相当惊讶，总统竟然也研究数学题，这极大地增强了他们的学习兴趣，同时通过讲述历史背景，使学生对勾股定理形成美好而深刻的认识。

通过介绍这些丰富的数学历史文化，使学生深刻认识到数学不仅是一门学科，而且蕴含着丰富的人文资源。引入数学史的教学，创造一种探索与研究的课堂气氛，激发学生对数学的兴趣，培养他们求真、智慧、创新、理性、探索精神。多年以后，知识可能忘却，但根植于学科知识中的文化将让学生受益终身。

（三）赋予生活气息，渗透数学文化的应用教育价值

新课标指出："学生的数学学习内容应当是现实的、有意义的、富有挑战性的……"面对这一要求，数学教师必须充分利用生活素材，避免传统教学中的"掐头去尾烧中段"的现象。

例如，在学习全等三角形的判定（ASA）时，可举下列例子：如图，某同学把一块三角形的玻璃打碎成了三块，现在要到玻璃店去配一块完全一样的玻璃，那么最省事的办法是(　　)。

A. 带①去　B. 带②去　C. 带③去　D. 带①和②去

再如，说起函数的教学，首要的目的是让学生了解实际生活中存在着各种因果关系，函数只是将这种相互联系用数学的形式表示出来，从而更好地研究这种关系的内涵和外延。因此，函数教学的重点应该是展示并教会学生去寻找、揭示现实生活中的因果关系。例如，某市为鼓励居民节约用水，对每户用水按如下标准收费：

若每户每月用水不超过 $8m^3$，则每 m^3 按 1 元收费；若每户每月用水超过 $8m^3$，则超过部分每 m^3 按 2 元收费。某用户 7 月份用水比 $8m^3$ 多 xm^3，交纳水费 y 元。

（1）求 y 关于 x 的函数解析式，并写出 x 的取值范围。

（2）此用户要想每月水费控制在 20 元以内，那么每月的用水量最多不超过多少 m^3？

以实际问题为话题，使学生体验生活中的数学，感受生活的精彩与人类的智慧，增强热爱生活的情感，并体验到数学文化的价值就在于生活的各个领域中都要用到数学。

此外，课堂中，我们也可以融入其他学科，可以借助计算机，方便教学。例如，在用直接法证明勾股定理时，利用几何画板软件设计一个直角三角形，自动测量三边边长。几何画板所展示直角三角形的任意性，是传统教学手段无法实现的一个梦想，这大大提高了教学效率，学生在观察动态的图形变化中，深入理解"变中的不变"，使课堂"活"起来，调动了学生的数学思维。可以借文学，营造意境。例如，讲直线和圆的位置关系时可以吟诵"大漠孤烟直，长河落日圆"；当我们苦苦思索一个问题而豁然开朗时，可以用"众里寻他千百度，蓦然回首，那人却在灯火阑珊处"来形容成功的喜悦。在课堂小结环节，可以借助诗歌、图画、数学游戏等形式结束，使学生感受数学课的丰富多彩，感受数学的魅力。

当然，课堂上我们不能用单一的表现形态展示数学文化系统的多元性、开放性。数学文化教育重在熏陶，教师要以"无心插柳"之举实现"有心栽花"之意。当数学文化真正渗入教材、到达课堂、融入教学时，数学才会"有血有肉"，数学课堂才会丰富多彩，彰显文化的魅力。

参考文献

［1］中华人民共和国教育部．义务教育数学课程标准［M］．北京：北京师范大学出版社，2012.

［2］张维忠．数学教育中的数学文化［M］．上海：上海教育出版社，2011.

［3］李改杨，罗德斌，吴洁，周军．数学文化赏析［M］．北京：科学出版社，2011.

在生物课堂教学中渗透
民俗植物教育探讨

陈章纯

摘　要： 在现今的新课程改革中，开发和利用课程资源已经作为一个热点被关注，尤其是地方的自然和文化资源。在生物教学中利用潮州民俗植物进行乡土教育，具有重要的实际意义。同时，恰当利用潮州民俗植物，并渗透到课堂教学中，有利于提高教学效果。

关键词： 生物教学　民俗植物　乡土教育　渗透

乡土，即故乡本土，是指人们生长、居住或是与个人发生强烈情感与认同感之地，涵盖所有的自然与社会人文背景及历史文化，是对个人具有高度生活意义、情感及使命感的地方。乡土教育就是让学生了解、认识其所居住地方的人、事、物，包括生活环境、历史人物、自然景观、传统艺术与文化等，使他们能认同与热爱自己的故乡，以激发他们改善环境的意愿及能力。这对于引领学生认识民族传统文化，培养深厚的人文素养大有裨益。

潮汕文化，是潮汕人在长期的生产生活实践中所发展出来的既丰富多彩又具有鲜明地方特色的一种文化。其中，植物作为自然界中与人类息息相关的一种重要生物，已经渗透到潮汕民俗文化的方方面面，被广泛地应用于潮汕传统节俗、婚姻、日常生活、信仰崇拜、丧葬等习俗以及民间俗语中，[1]具备很高的历史、地理、人文、宗教等价值。因此，利用民俗植物来充实乡土文化的内容，在引导学生认识、了解民俗植物的同时渗透爱乡教育，是进行乡土教育的重要途径之一。

一、利用民俗植物进行乡土教育的意义

（一）丰富教学内容，激发学习兴趣

在现今的新课程改革中，开发和利用课程资源已经作为一个热点被关注，尤其是地方的自然和文化资源。然而从目前的教育内容上来看，学校里的课程绝大多数都是属于科学文化知识的传授，学生接触到的都是符号体系。[2]而在进行乡土教育的过程中，以学生身边熟悉的民俗植物作为对象，在教学过程中进行有效的渗透，既丰富了生物学课堂的教学内容，又能够有效地激发学生的学习兴趣和求知欲望，调动学生的学习积极性，强化感性认识，养成自主学习的习惯，从"让我学"逐渐转变为"我要学"，有利于学习效率的提高。

（二）培养爱乡情怀，强化环保意识

德育教育是中小学生素质教育的一项重要内容。通过引导学生对周边民俗植物的调查

与认识，让学生认识民俗植物在形成过程中所涵盖的历史、地理、人文、宗教等方面的价值，了解祖祖辈辈在生活过程中不断创造、累积下来的民间文化，了解劳动人民的辛勤劳动和高度智慧，在潜移默化中理解传统文化思想，养成爱乡情怀。[3] 在生活中懂得自觉去保护民俗植物乃至乡土文化资源，甚至产生传承民俗文化的意识。

二、民俗植物在潮州乡土教育中的应用

（一）把民俗文化带入课堂，在课堂教学的思想升华中进行渗透

这就要求教师在备课时必须认真钻研教材、教参，在课前先将一些与民俗植物有关的资料有效地融入教学设计当中。课堂上利用多媒体手段，并借助有关传说、趣闻、历史故事等，通过放映录像、图片展示、文字资料介绍等方式，使学生对周边的民俗植物产生更深刻的认识，在潜移默化中建立起学生对民俗植物乃至乡土文化资源的保护意识。

例如在讲授"爱护植被，绿化祖国"这一章时，有效地融入一些民俗植物的介绍。如榕树，又被我们称为"神树"或"成树"（其中后者居多）。旧时农村，每逢初一、十五，总有妇女到村口"拜神树"。潮汕人喜欢种植榕树，一方面是由于榕树具有顽强的生命力，四季常青，枝繁叶茂，既能美化环境又能乘凉避暑；另一方面是由于潮汕话的"榕"与"成"或"承"同音，人们希望能继承榕树的高贵品质，并能有所成就。因此榕树被潮汕人视为吉祥物，象征着吉庆祥瑞，甚至对它们达到信仰崇拜的程度。通过此类方式的介绍，将"绿色植物"具体到榕树，一方面加深了学生对"榕树"这种植物的认识，认同它在民俗中的文化或历史价值；另一方面从点到面，认同"榕树"乃至"绿色植物"在生活中以及自然界中的作用，自觉地养成爱护植被、保护环境的习惯。

（二）乡土教育与校园文化建设相结合，开展各种主题活动

校园文化是学校教育不可缺少的重要组成部分，是学校所具有的特定的精神环境和文化氛围，它体现了一所学校的校风，对学生的思想品德和良好行为习惯的养成能起到"润物细无声"的教育魅力。近年来，学校把民俗植物作为突破口，将乡土教育与校园文化建设相结合，并开展各种相关的主题活动。

例如，让学生利用寒假时间制作以"潮汕民俗植物"为主题的手抄报；通过收集、整理资料，利用暑假时间撰写与"潮汕民俗植物"有关的小论文等。并在开学初对学生的作品进行筛选、点评，挑出其中的优秀作品在校园的学生作品栏中进行展示。通过以上方式，一方面是争取把乡土教育从课堂引到生活，使学生对民俗植物的认识不再局限于"师讲我听"，而是真真正正落实到行动中去，从生活的点滴中去了解、认识民俗植物，感受乡土文化的博大精深；另一方面则促使学生为校园的文化建设添砖加瓦，强化了"学校是我家，建设靠大家"的主人翁意识，既实现了乡土教育，又提高了学生的综合素质。目前，开展各类与民俗文化有关的主题活动已成为学校探索和加强学生思想政治和素质教育工作的重要方式。

（三）搭建家校互动平台，从学校教育到家庭教育的有效渗透

潮汕文化源远流长，通过祖祖辈辈代代相传及不断的积累、完善之后，有些变得精

简，有些直接去除，已不再是原来的老例。学生在生活中看到的只是一个结果，为了使他们更全面地了解这些习俗的由来以及各种植物在习俗中所包含的寓意，我们组织了以问卷调查为主要形式的课外探究活动。学生利用课余时间，以家长、亲朋好友为主要对象，调查、统计出相关的数据。一方面增进父母与子女之间的沟通与了解，加强了家校联系；另一方面则有助于乡土教育活动的深入开展，将民俗习惯植入学生的心中，让学生充分感受乡土文化的魅力。

潮汕民俗植物调查问卷	
调查者_____ 班级_____ ____年 ___月 ___日	
1. 你的性别是？	A. 男 B. 女
2. 你现在所处的年龄阶段是？	A. 15 岁以下 B. 15～20 岁 C. 20～25 岁 D. 其他_____
3. 你所居住的地方位于？	A. 市区 B. 市郊 C. 农村 D. 其他_____
4. 你的家里或周围的朋友所种的植物多不多呢？	A. 一般 B. 很多 C. 不清楚 D. 其他_____
5. 在潮汕人的衣食住行以及传统节日中，经常会用到一些植物，在你的印象中有哪些是常用的？	A. 红花（石榴花） B. 仙草（抹草） C. 大蒜 D. 其他_____
6. 你的家里或周围种植红花或仙草的人多不多呢？	A. 很多 B. 一般 C. 很少 D. 其他_____
7. 潮汕地区的传统节日很多，你觉得以下哪种情况可能会用到一些植物？	A. 婚嫁 B. 丧事 C. 成人礼 D. 其他_____
8. 潮汕民间人日节所食的"七样羹"，均谐音取义，以兆吉祥之意。"七样羹"包括哪些植物？	A. 芹菜 B. 葱 C. 蒜 D. 春菜 E. 芥菜 F. 芫荽 G. 厚合 H. 柚子 I. 韭菜 D. 其他_____
9. 你家里人对于民俗植物的使用持什么态度？	A. 赞成并非常讲究 B. 赞成 C. 反对并坚决不用 D. 其他
10. 你对潮汕民俗植物的使用有什么看法？	A. 支持 B. 反感 C. 无所谓 D. 其他_____
11. 你所居住的地方周围还有哪些习俗？请写出来与大家分享。	

三、在教学中进行乡土教育的原则

生物课程资源来源于生活，又服务于生活。在生物课的日常教学中，利用民俗植物为载体，渗透乡土教育理念，有利于传统文化的传承及保护。然而，由于民俗文化自身精华与糟粕共存的特点及其在生物学课程中的非主流存在的特点，在生物学教学中进行民俗文化渗透教育应掌握适当的原则。并非所有牵涉民俗的内容就得去讲解，在教学过程中也不可牵强附会或喧宾夺主地去无限制挖掘教材，而应该根据教材的具体内容和教学目标，在把握全局的基础上，进行恰到好处的渗透。[4]

参考文献

［1］李伟烽．植物成潮汕民俗重要组成部分［EB/OL］．http：//www．xinchaos-han．com/m/view．php？aid＝7566．

［2］林川．乡土的意义与乡土教育模式的转换［J］．浙江学刊，2009（2）．

［3］罗自强．乡土素材在美术教学中的应用［EB/OL］．http：//blog. 163. com/lzq19680118＠126/blog/static/16930063420111258402713 8/．

［4］胡爱华．浅谈如何在中学语文教学中进行民俗文化渗透［EB/OL］．http：//www. studa. net/xueke/111119/09140691－3. html．

作图和图像在初中物理教学中的作用探析

陈雯霞

摘 要：作图和图像在初中物理教学中占据重要地位，它符合初中学生的思维发育特点，是形象思维与逻辑思维的桥梁，是现代化教学的需要。作图和图像可以帮助学生理解物理概念，探究物理实验，掌握物理规律，解决物理问题，是教师突破教学重难点的重要手段。

关键词：物理教学　作图法　图像　探析

众所周知，学习物理离不开作图，对学生作图能力的考察向来是中考物理测试必要的组成部分。物理学的各个板块知识：声、光、热、力、电等都离不开作图这个工具。利用它不仅可以避免复杂抽象的语言描述，简化物理问题，而且可以有效地分析出物理量之间的关系，有助于解决物理问题。因此，正如美国一位图文学家所说，"一张图胜过千言万语"。有一些题目很难用几句话讲清，但是如果用作图的方法去讲解，学生能很快理解，作图法能大大提高课堂效率。[1] 所以作图和图像是初中物理教学的必要手段，也是学生学好初中物理的一种重要方法。

一、作图和图像是初中物理教学的必然要求

（一）作图和图像可以激发学生的学习兴趣和求知欲

单纯文字的语言表述往往看上去比较枯燥乏味、艰涩难懂、缺乏魅力，学生在"书山题海"中埋头久了，对文字的敏感度会下降，提不起学习兴趣。众所周知，兴趣是学习最好的老师。孔子曰："知之者不如好之者，好之者不如乐之者。"兴趣是学习的原动力，是学习的催化剂，它对学生的学习有着神奇的内驱动作用，能变无效为有效，化低效为高效。学生只有对自己感兴趣的东西才会积极主动地参与和思考，深入和刻苦地学习。[2] 在物理教学中如果能够结合作图和图像，可以增加物理的魅力，激发学生的学习兴趣和求知欲，给学生带来学习的动力。例如，在学习光学时，教师可以借助多媒体播放一些有关光和影的精彩绝伦的图片，引入光现象，使学生对这个色彩斑斓的世界充满好奇，激发学生学习光的知识的欲望。而在研究光的传播问题时用一条带箭头的直线来表示光的传播路径和方向，把看不见的光线变成看得见的实线，通过作图来研究光的直线传播、光的反射、光的折射等知识可谓形象易懂，非常有利于学生对知识的掌握。又如，在学习"物质的形态及其变化"这一章时，按照课本的安排引入，利用多媒体展示有关"温室效应"的图片资料，引发学生对温室效应造成的不良后果的思考，不仅有利于学生树立环保意识，而

且可使学生从对"温室效应"问题的关注中，产生学习的冲动，增强为人类造福的意识。

（二）作图和图像符合现代化教学手段的发展趋势

现代化信息科学的观点认为：学习知识的过程就是接受、加工、储存和运用信息的过程。语音能传递信息，图示也能传递信息，对于复杂的信息而言，图示往往比语言传递得更快，运载的信息更丰富，容量更大。用图示表达概念清楚直观，表现事物精确形象。由于时代的不同，生活条件的优越造成很多学生对于生活中普遍存在的现象缺乏感知的条件。如家长把所有的家务、劳动都包办了，使学生缺乏生活常识，而很多物理现象、物理中涉及的机械、物理的知识规律都需要学生有一定的生活经验积累。这给教学带来了一定的难度。所以在教学实践中要求教师能够将更多的事物呈现给学生，但实际操作中教师不可能一节课带一大堆的实物到课堂中来。因此，要解决这个难题，作图和图像无疑是一种有效的途径。学生通过作图呈现出事物的轮廓或用图像展示出的现象或场景，充分理解语言描述所传递的意思，使知识变得直观简单，学生接受起来难度大大降低。而且随着社会的发展和科学技术的进步，学生接收外界信息的途径越来越多地依赖于视频、图像。大家可以注意到，在现在的教科书中，图像的比例比以前多了几倍。作图和图像已成为现代教学一种不可或缺的手段，是现代教学手段的必然产物。

二、作图和图像在初中物理教学中的作用

（一）作图和图像可以化抽象为具体，帮助学生理解概念

概念是每一门功课的基础，只有理解了某一学科的相关概念，我们才会运用该门学科的相关知识，物理也不例外。但物理学科作为理科，里面涉及的某些概念对学生来讲过于抽象。比如热学当中涉及的概念"内能"，虽然大家都会背，所谓内能指的就是物体内所有的分子动能和分子势能的总和。但同学们见过分子吗？知道分子是怎么运动的吗？没有见过！所以这就给教师提出了一个难题，怎样把看不见的变成看得见的，化抽象为具体呢？现在的课本借助图形来解决这个难题。课本分别用了运动的篮球，自由下落的苹果，被压缩的弹簧这三幅图像来帮助学生学习理解分子这个概念，使得学生对该概念的理解更为深入。又如"磁场"的概念，课本是这样定义的：磁体周围有一种看不见的物质，叫作磁场。这种物质既然咱们看不见，那么我们就想办法使它变成看得到的，因而教师可以在实验的基础上利用作图法画磁感线来描述磁场，让学生感知磁场的分布情况，帮助学生建立磁场概念。这样的效果岂是语言能够代替的？

（二）作图和图像可以提高实验课的教学效果

以往上实验课，很多学生由于担心不理解实验的过程，怕出错，不敢动手操作。而现在的课本大部分实验都配有插图，实验的装置及过程都可以用图片来直观反映，这样较有利于学生理解实验、掌握实验。例如，课本中光学的实验图、物态变化的实验图、机械的装配图、电路图等，学生可以通过图像先认识实物，然后结合实验实物的组装原理图像，弄清实验操作步骤，这样比单纯的文字容易理解得多。而更高的层次要求还可以让学生自

行设计实验的方案图。比如在学习滑轮时，课本明确要求学生自己设计两个用滑轮来提起重物的方案图，让学生自己先设计操作图，再进一步进行探究。这是一个更高层次的要求，使学生的学习由"模仿型"向"创造型"发展，是培养学生创新能力的一种方法，使学生在实验课中眼、手、脑并用，真正参与到实验中来，成为实验课堂的主人。总之，在实验课中教师借助作图和图像让学生由不敢参与到乐于参与，再到有效参与，逐渐过渡，层层推进，把物理实验课的效率推上一个新台阶，既培养了学生的动手能力，又大大提高了实验课的效率。

（三）作图和图像可以反映物理规律，突破教学重难点

用作图和图像来描述物理规律方便而直观，一条看似简单的曲线，可以将物理规律的特征表现得淋漓尽致，起到化繁为简的作用，避免对一些知识点的死记硬背。例如，右图是海波熔化图像。通过图像明确了海波是晶体，此图像是吸热图像，晶体熔化时要吸热，该晶体的熔点是50℃；BC段是海波熔化过程，熔化过程中温度不变，熔化需要4分钟，熔化后继续吸热，温度继续升高。[3]

用一个简单的图像就能涵盖如此多的信息，重现物理实验过程的特点和规律，这是语言所不能代替的。其他很多物理规律都可以用图像理解和记忆，如凸透镜的成像规律情况非常复杂，学生在学习时存在很大困难。要突破这个难点，教师可以通过作图，结合三条特殊光线中的任意两条确定成像的性质，这样既可以省去机械记忆的负担，又可以帮助学生理解凸透镜的成像规律，一举两得。总之，物理图像用直观、简练的手段从另一个角度深刻地表达了物理规律，是学生理解物理规律、掌握应用物理规律的高效途径。

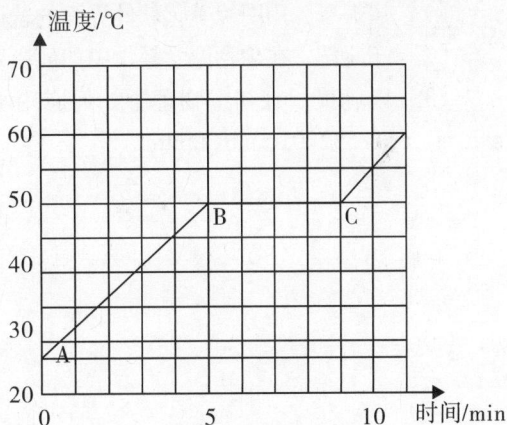

海波熔化图像

（四）作图或图像有助于分析解决物理问题

新课程标准明确提出"从生活走向物理，让物理走向生活"这一理念。因此，让学生从身边熟悉的生活现象中探究并认识物理规律，同时将学生认识到的物理知识及科学研究方法应用到社会实践中来，这不仅可以体现物理的价值，而且还可以培养学生的思维能力和解决实际问题的能力。例如，生活中的杠杆有很多：镊子、独轮车、起重机、核桃夹、钓鱼竿等，它们的形态各异，要对它们进行受力分析，但机械本身的复杂性又让人摸不着头脑。我们只需要把它们全都看成一根棒，利用一根棒来代替这些机械，另外再把它们具体归为两类：一种是支点在一侧，一种是支点在中间，这样不管多复杂的机械，在我们的作图下就可以轻轻松松地进行受力分析，使实际问题得到解决。所以作图可以将生活中的物理问题简化，使学生认识到物理的实用性，在通过图像解决实际问题的过程中又巩固了物理知识，使新课程的基本理念得到落实。教师在教学中要灵活运用作图这一法宝，架起

物理与生活之间的桥梁，使物理为人类服务这一宗旨真正落到实处，全面提高学生解决实际问题的能力。

　　学习物理离不开作图和图像。图像的直观形象、化繁为简、精彩生动等优越性是语言所不能替代的，这使得物理作图和图像在物理教学中占有一席之地。作图和图像在学生理解物理概念、探究物理实验、掌握物理规律、解决物理问题的过程中都有广泛应用，它是学生学好物理的根基。教师应该在平日的教学工作中，充分利用作图的优势，帮助学生建立物理图景，形成物理思维，促进学生物理专业知识的掌握，使作图和图像在物理教学中发挥出它应有的作用。

参考文献

［1］唐振军．用图片美化软件界面的若干方法［J］．电脑编程技巧与维护，2010（11）.

［2］于晓辉．在生物课堂教学中如何激发学生的学习兴趣［J］．课外阅读，2011（5）.

［3］陶朝晟．在初中物理中如何应用函数图像［EB/OL］．http：//blog. sina. com. cn/s/blog_ 666c532d0100nbxk. html.

谈测定空气中氧气含量实验的改进及效果

柳金涛

摘　要：测定空气中氧气的含量是初中化学的重要演示实验之一。但教材实验中，红磷在空气中加热燃烧后才放入容器中，红磷燃烧时生成的白烟（五氧化二磷，P_2O_5）扩散到空气中，一方面污染了环境，不符合绿色化学的理念；另一方面会对教师与学生的身体造成损伤。本文从点燃方式、量气方法和药品选择三方面对本实验的改进案例进行了综述，并提出了一种改进方案，使该实验更符合绿色化学理念。

关键词：初中化学　实验　改进　效果

一、前言

（一）实验目的

测定空气中氧气的含量。

（二）实验原理

选取某种能与空气中的氧气反应而不与空气中其他气体反应的固体物质（如红磷、白磷等），利用过量的该物质将空气中的氧气完全消耗掉，生成新的物质，使密闭容器内气体体积减小（减小的体积即为氧气的体积），气体的压强减小，引起装置体积的变化或者水面的升降，从而确定空气中氧气的体积分数。[1]

（三）药品的选取

在探究空气中氧气含量的实验中，选择不同的药品，会出现截然不同的现象。选择药品的依据是：①药品能与空气中的氧气反应，而且不与空气中的其他气体反应；②药品与氧气反应后的生成物一般是固体，能使密闭容器内气体体积减小，且减小的体积即为氧气的体积；③药品反应后产生气体，可用药品吸收后，使密闭容器内气体体积减小，且减小的体积即为氧气的体积。

二、教材实验

（一）新课改前教材中的实验

将钟罩放入盛水的水槽中，记录钟罩内水面的位置，以水面为基准线，将钟罩水面以上容积分为五等分。在燃烧匙内盛过量红磷，用酒精灯点燃后，立即插入钟罩内，同时塞紧橡皮塞，观察红磷燃烧和水面变化的情况（见图1）。实验时，看到红磷燃烧时有大量白烟生成，同时钟罩内水面逐渐上升，等燃烧停止，白烟消失，温度降到室温时，钟罩内水面上升了1/5体积。该实验最大的优点就是操作简便，容易控制装置的气密性。但是该实验也存在着不少问题：

（1）钟罩、水槽的体积、质量过大不便于携带；

（2）钟罩内空间较大，等待白烟完全消失和瓶中气体冷却到室温需要较长的时间；

（3）红磷在钟罩内燃烧时间过长，产生的热过多，使得钟罩内气体受热膨胀，压强变大，将钟罩内的部分水压出钟罩外，最后钟罩内水面上升可能超过原钟罩水面以上容器的1/5；

（4）由于玻璃和水均为无色透明，学生很难观察（尤其是坐在后排的同学）水位变化情况；

（5）由于钟罩内空间大，消耗红磷的质量大，没有体现绿色化学的理念。

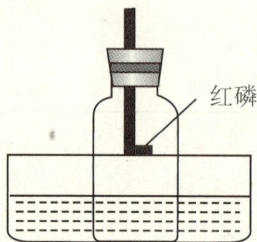

图1　新课改前教材中的红磷燃烧实验　　　图2　现行人教版教材中的红磷燃烧实验

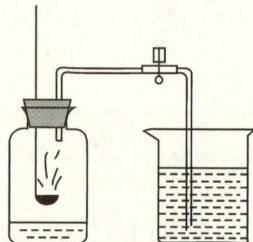

（二）现行人教版教材中的实验

广口瓶配一个带有燃烧匙和玻璃导管的塞子，导管的另一端与伸入盛水大烧杯中的玻璃导管以软胶管相连。软导管用弹簧夹夹紧防止漏气（见图2）。广口瓶内装有少量水，并做上记号，再把剩余的容积分成五等分并用彩笔做上记号。点燃燃烧匙内的红磷后，立即伸入广口瓶中并把塞子塞紧，瓶内红磷燃烧，产生大量白烟。随着反应的进行，瓶内充满P_2O_5白烟，当P_2O_5溶于水，瓶内温度降到室温后，打开弹簧夹，水被压入广口瓶中，进水的体积恰好接近广口瓶中原空气体积的1/5。该实验与新课改前的实验相比有了很大的改进，广口瓶的容积比钟罩的容积小得多，所需时间和红磷质量都少。但做该实验时要求：

（1）装置的气密性要良好；

（2）把燃着的红磷伸入广口瓶时动作要迅速，否则瓶内的空气因受热而逸出，造成水流入广口瓶的体积偏大；

（3）玻璃导管内最好预先注满水，当打开弹簧夹时水流顺畅，而且也不因为部分水留在玻璃导管而使进入广口瓶的水的体积偏小。[2]

（三）共同缺点

红磷都是在空气中加热燃烧后才放入容器中，这样红磷燃烧时生成的白烟扩散到空气中污染了环境，不符合绿色化学的理念，且散逸到空气中的 P_2O_5 会对教师与学生的身体造成损伤。

三、实验改进

（一）点燃方式

1. 凸透镜汇聚太阳光实验

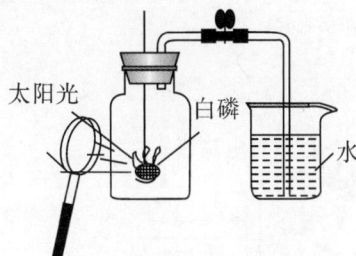

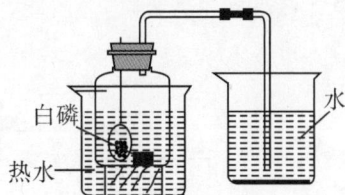

图3　凸透镜汇聚太阳光实验　　　图4　水浴加热实验

如图3所示，用凸透镜将太阳光聚焦到白磷，使白磷燃烧。此法可以防止燃烧匙伸入集气瓶时气体的散逸。[3]

2. 水浴加热实验

如图4所示，用水浴加热的办法使白磷燃烧，可以防止燃烧匙伸入集气瓶内使气体逸出。白磷的着火点仅40℃，水温稍高，足以使白磷着火燃烧。做此实验时，盛白磷的广口瓶不能直接放入沸水中，以免广口瓶因骤热而爆裂。可先用温水淋后，再放入盛有热水的大烧杯中，当广口瓶中的白磷燃烧时，将广口瓶移出烧杯外，待白磷停止燃烧，白烟消失，温度降到室温后，再打开弹簧夹。

3. 金属丝导热实验

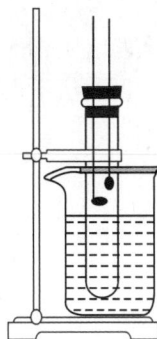

利用铜具有的良好导热性，使白磷达到着火点从而燃烧，烧杯中的水能起到很好的冷却效果，实验装置见图5。

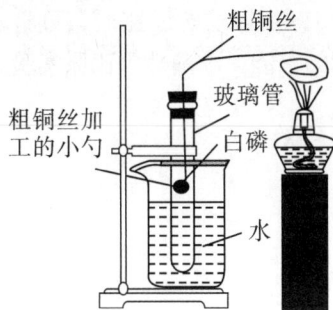

图5　金属丝导热实验　　　图6　高温铜丝导热实验

4. 高温铜丝导热实验

如图 6 所示，装置连接好仪器，并检查装置的气密性。从装置上取下带有燃烧匙、粗铜丝的橡皮塞。先向燃烧匙内加入少量细沙，然后将螺旋状的铜丝下端烧至红热，再在燃烧匙内的细沙上放一块黄豆大小的白磷，迅速将橡皮塞在大试管口上塞紧。迅速通过铁夹调节试管高度（上移试管）至试管内液面与烧杯中的液面相平，并及时用刻度尺量出空气的用量（由于试管内盛有气体的中间部分上下内径相等，故空气的用量可用试管中气体的长度来表示），记录数据为 a cm。按下铜丝使其热端接触白磷，观察白磷燃烧的现象以及试管内和烧杯中的液面高度变化。可看到白磷燃烧，产生浓厚的白烟，试管内水的液面先快速下降少许而后慢慢上升，烧杯内液面下降。当白磷火焰熄灭、白烟完全消失、试管冷却至室温时，再次通过铁夹调节试管高度（下移试管）至试管内液面与烧杯中的液面相平，并用刻度尺量出剩余气体的量，记录数据为 b cm。[4]

5. 电阻丝、电热板加热实验

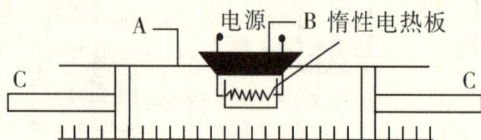

图 7   电阻丝、电热板加热实验

如图 7 所示，A 是标有以 cm 为单位的刻度尺，且在 0 刻度正上方有一圆状缺口的圆筒状玻璃容器（带橡皮塞 B），C 为能自由移动的活塞。实验步骤如下：

（1）检查装置的气密性；

（2）将两个可自由移动的活塞 C 分别调整到左右两边刻度 10 cm 处；

（3）将过量的铜粉平铺在惰性电热板上，塞上橡皮塞 B；

（4）通电加热铜粉，待充分反应后，冷却到原来的状况。记录两活塞 C 之间的距离为 h；

（5）根据数据 h 列出公式，计算空气中氧气的体积分数。[5]

（二）量气方法

1. 钟罩

利用钟罩进行实验（见图 8）。钟罩下方敞口，气体受热膨胀时，可将水压出一部分从而产生减压作用。用此法不仅减少了气体泄漏的可能，准确性也比原实验方案高。

2. 针筒

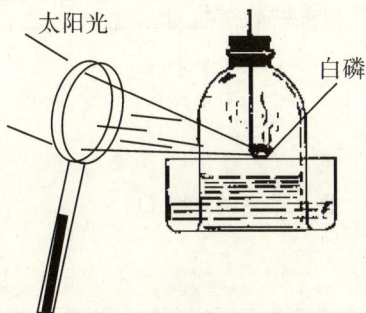

图8 钟罩量气实验 　　　图9 针筒量气实验

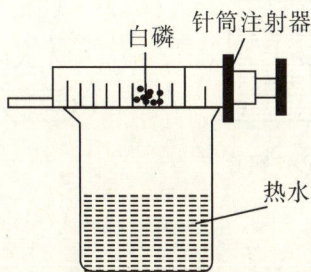

选用润滑性很好的针筒注射器作为反应容器（见图9），密封性较好，透明，有刻度，便于观察。

3. 集气瓶

利用集气瓶进行实验（见图10），实验步骤如下：

（1）在集气瓶中加适量水；

（2）在燃烧匙中放一块黄豆大小的白磷，将燃烧匙放入集气瓶内石头上；

（3）将伸入集气瓶一端的导管放在酒精灯加热后塞紧瓶塞，可观察到集气瓶内白磷燃烧，产生大量白烟；

（4）待集气瓶冷却后打开止水夹，可观察到水通过导管进入集气瓶，进入水的体积约占集气瓶内空气体积的1/5。[6]

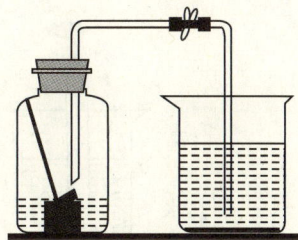

图10 集气瓶量气实验

（三）使用不同的药品

1. 氢氧化钠（NaOH）

用一个小水槽盛一半水，加入适量的 NaOH 并搅拌，使之完全溶解（或用石灰水来代替），再滴入几滴酚酞试液，取一段小蜡烛固定在小木块上使之浮于水面。将一个集气瓶按容积分成五等分，并做上记号。将蜡烛点燃后，立即将集气瓶扣在蜡烛上，并使集气瓶口刚刚没入水面成封闭状态，在蜡烛熄灭和集气瓶冷却后，可观察到集气瓶内水面上升约一个刻度（见图11）。该实验最大的优点就是所选用的仪器和材料易得，尤其是在缺少仪器的农村学校，利用该装置是个不错的选择。由于在水中加入 NaOH，在操作时最好带上乳胶手套，以防止 NaOH 腐蚀皮肤。

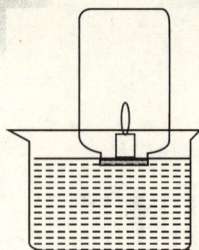

图 11　NaOH 实验

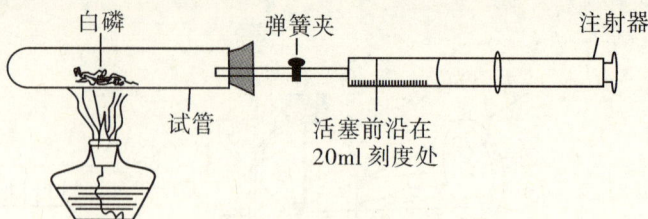

图 12　白磷实验（1）

2. 白磷

选用容积约 45ml 的 18mm×180mm 的硬质试管作反应容器（白磷的燃烧均在密闭的试管里进行），用 50ml 的注射器（活塞前沿在 20ml 刻度处）测量白磷燃烧消耗的氧气体积。如图 12 所示装置好仪器和药品，用酒精灯（或电吹风）加热白磷。燃烧结束，试管冷却后打开弹簧夹，可以看到注射器活塞从 20ml 刻度处慢慢前移至 11ml 处，说明空气中氧气的体积分数约为 1/5。

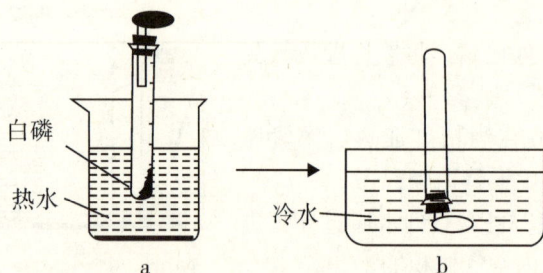

图 13　白磷实验（2）

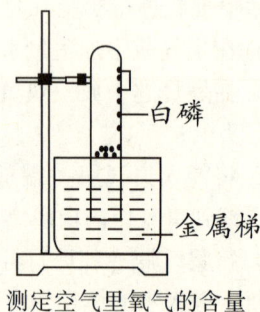

图 14　白磷实验（3）

往标记好刻度（容积分为五等分）的试管中放入一块白磷，用套有干瘪气球的橡皮塞塞紧，浸入烧杯中的热水（约为 80℃）里加热，使白磷燃烧（见图 13-a）。待燃烧停止后，将试管放入水槽中的冷水中冷却。待白烟基本散尽后，将试管倒立于水槽中，并在水下取下橡皮塞（见图 13-b）即可。改进后实验采用易燃的白磷代替红磷，操作较原实验更为方便。利用气球形成的密闭系统，使整个反应都在密闭容器中进行，有效避免了原实验方法中影响实验成功的诸多因素，有误差更小、现象更明显、无污染等优点。

如图 14 所示，在"金属梯"的每一步的凹处放置一块用滤纸吸干水后的白磷，用放大镜会聚 6V 手电筒光于靠近水面的一步"金属梯"处的白磷上。

3. 铜丝

把长约 2cm 的一束细铜丝装进一根长 5~6cm 的普通玻璃管中部，两端用两节橡皮管分别跟两只注射器（其中一只注射器留出 50ml 空气，另一只注射器不留空气）连接起来，使之成为一个密闭系统，如图 15 所示。推动注

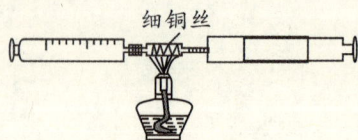

图 15　铜丝实验

射器活塞，空气可以通过装铜丝的玻璃管在两只注射器间来回传送，不会泄漏。给装有细铜丝的玻璃管加热，待铜丝的温度升高以后，缓缓地交替推动两只注射器的活塞，使空气在铜丝上来回流动。经过 5 ~ 6 次以后，空气里的氧气可以全部与铜发生反应。停止加热，冷至室温，读出残留在注射器中气体的体积。做该实验时，要注意注射器不宜太小，否则空气体积变化不大，现象不明显。

参考文献

［1］汤高辉，黄爱卿．测定空气中氧气含量的实验大扫描［J］．初中生之友，2009 (27).

［2］农恒东．测定空气中氧气含量的两个常规实验和几个改进实验［J］．中学教学参考，2010 (5).

［3］熊正祥．"测定空气中氧气含量"实验的改进［J］．中学教学参考，2011 (5).

［4］尚广斗．"空气中氧气含量的测定"实验的研究与改进［J］．化学教学，2009 (11).

［5］戴颖成．"空气中氧气含量测定实验"原理及典型题分析［J］．考试（中考版），2010 (9).

［6］罗红杰．测定空气中氧气含量的实验创新设计［J］．教学仪器与实验，2011 (4).

在语文课堂上叩响生命之弦

李丹妮

摘　要：塑造一个集智慧、情感、意志为一体的高级生命，是语文教师神圣的使命。阅读课上倾听生命的脉搏，综合性活动课上提升生命的价值，作文课上放飞生命的翅膀。让我们在语文课堂上叩响学生生命中最美的弦音。

关键词：语文课程　课堂教学　生命教育　探讨

现代化教育应该是真正充满活力的人的教育，是引导人生走向美好和完善的教育。塑造一个集智慧、情感、意志为一体的高级生命，是语文教师神圣的使命。在语文课上，让学生的生命之树苗壮成长，生命之花绚烂多彩，生命之水激扬奔流。

一、倾听生命的脉搏

语文是实践性很强的课程，《义务教育语文课程标准》指出，"语文应致力于学生语文素养的形成与发展"，阅读教学是师生共度的生命历程。在阅读教学中，让学生"神游其间，悠然心会"，倾听大师巨匠们的脉搏，这是一种精神的体验、一种审美的欣赏。让语文课堂充满清新健康的生活气息，焕发出蓬勃的生命活力。

如《紫藤萝瀑布》中，当笔者与学生探讨"课文中哪一句最优美"的问题时，一学生认为是"每一朵盛开的花就像是一个张满了的帆"，因作者把"花朵"比喻为"帆船"，用得巧妙贴切、生动形象。于是，可以抓住这一点进行探究："与花朵相似的东西很多，作者为何要用帆船作喻，而不用其他事物作比"，"那是因为他充满着希望"，又"为何帆船就代表着希望"……通过合作、探究，可以得出一个答案：一般都说"扬起理想的风帆"，船即将出港，它满载的是憧憬，是希望。同时，还可以从"贴切"这一点再作探究，这与前面作者把藤萝比喻为"瀑布"有关，与后面作者感悟到"生命的长河"的话题有关：每一朵盛开的花都像是那紫色河流上轻泛的一叶扁舟。

阅读是人文的，也是开放的，阅读课上突出学生的主体地位，开放学生阅读的空间，让学生走进作者的情感世界，倾听生命的脉搏，用心感受其激扬与低缓。在阅读中得到智的启示、情的陶冶、理的辨析、行的指引。教育是用生命的真诚去感动每一个生命，用生命的激情去拥抱每一个生命，用生命的执着去滋养每一个生命。让学生的心灵在思维的碰撞、情感的互动中获得一种震撼，阅读课上便会有花开般美妙的声音。

二、提升生命的价值

语文的外延与生活的外延相等，生活中处处是语文。大自然与人类休戚相关，当它偶

然间为我们设置了绝佳的教学情景时，要善于利用它为教学服务，迁移的练习就是拓展学生视野、培养学习能力的重要途径，它可以让学生在课堂上实现提升生命价值的需要。

如《雨说》的迁移练习：人教版语文九年级上册的第一单元是诗歌单元，对大自然的赞颂是诗歌永恒的主题，如何从大自然中获得灵感、得到启示，用美妙的文句弹奏出自然的乐音，抒写心中的情志，是本单元的学习重点。与学生一起学习毛泽东的《沁园春·雪》和郑愁予的《雨说》，讨论如何生动形象地描写景物，在阅读欣赏的过程中，学生体会了诗中的意境、了解了作者表达的感情。按新课标的要求，课堂教学到了应跳出知识能力的层面，达到情感态度、价值观层面的时候，该向现实的生命、生活靠拢了。因为南方的孩子有更多的机会接触雨，而且授课期间刚好是多雨的日子，学生有更多的机会观察雨、体会雨，于是，笔者安排了一次"与雨共舞"的迁移拓展活动。首先，以竞赛的形式让学生说出有关雨的成语。其次，和大家一起感受"雨"的诗意，找出有关写雨的诗句，并谈谈自己读诗的感受。最后，在教师的引导与激励下，学生群情激昂，思路开阔，渐入佳境："雨中有欢欣，雨中有哀怨，雨中有雅趣，雨中有禅思。雨为我们的生命留下了广阔的抒情空间，每一次的体验都会获得新鲜的巨大的心理震撼。我们也试着谈谈自己在雨中的所见所感"，引导学生抒写"雨"的情怀。在积累词语和学习他人作品立意的基础上，学生对"雨"有了一定的认识，结合自身的感受，经过一番思考，大家都跃跃欲试，讨论过程中产生了很多有关写"雨"的立意和思路。如学生1："春雨滋润万物，让世界充满活力，我想写春雨，我的题目是'春的使者'。"学生2："夏雨，清清爽爽，洗刷夏天的闷热，抚慰躁动的心灵。我想写夏雨，我拟的题目是'夏天的精灵'。"学生3："下雨了，大家都打伞，伞是雨中美丽的花朵，我的题目是'雨中花'。"学生4："雨给人朦胧的感觉，雨是让人多愁善感的，我想写'飘雨的季节'。"学生5："是啊！我突然想到雨就如人一样！还可以拟'性格如雨'或'雨的心情'。"学生6："我想，写'雨的一生'也不错。"刚才说写'雨中花'的同学发言了："还可以写'伞下人生'，迥异的伞下有迥异的人生。"（他双眼发亮，似乎对自己的认识有了一个质的飞跃而激动不已）……第二节课，学生文思泉涌，且佳作不少。

课内一分钟，课外十分钟，语文知识的学习，是一个逐渐积累的过程，所谓"厚积而薄发"。由欣赏他人的作品到自己创作，由懂得倾听到善于倾诉，这是一个生命历程质的飞跃。课文的迁移练习，为语文生活打开一扇窗，让学生在迁移训练活动中不断地提升生命的价值。

三、放飞生命的翅膀

郭思乐在《教育走向生本》中提到："儿童生产了知识，他就会爱知识，也就能不同凡响地出色地运用知识。"如同父母对自己的儿女，作家对自己的作品一样，都爱得刻骨铭心，这来源于"生产"。只有让学生参与知识和智慧的生产，他们才会有如此深刻的爱。

"作文"就是一种知识与智慧的生产，它是情感的倾诉、思想的徜徉、道德的彰显，更是一种生命姿态的展示。放飞翅膀，让每一个生命都能投入、倾注、飞翔。让每一个生命都生机勃勃、春意盎然，让更多的人分享我们的快乐、分担我们的忧愁。

如在作文训练课上，着力培养学生的联想和想象的能力。

首先，可以对同一话题展开思维的训练，拓展思路。如对"风"的话题训练，可引发学生展开思维，由风可想到"自由奔放，无拘无束，自我陶醉"；可想到朱自清的《春》中的"'吹面不寒杨柳风'，不错的，像母亲的手抚摸着你"等内容，由此联想到"母爱"；可想到春风，春风是大自然的礼物，因此想到我们要热爱自然，回归自然；可想到"社会的风气"：时尚之风、追星之风、腐败之风、文明之风；可想到"火烧赤壁"的故事，巧借东风，想到成功的条件靠自己创造……以此为例，以"绿"为话题进行训练，通过联想和想象：有的学生想到和平的使者——军人；有的学生想到充满活力的青少年，"青出于蓝而胜于蓝"——希望、超越；有的想到绿是由蓝、黄组成，成功的背后有团队的精神——合作、奉献；想到"春来江水绿如蓝""天苍苍，野茫茫"，感受诗人笔下的绿意盎然——诗意；想到心灵的绿洲，青山绿水，心中的桃花源——心灵的建设。

其次，可以依物立意，引导学生对事物本质作思考。可先给学生举例子，如"火山——过分的热情，反成了一种灾难"，"橡皮——为了帮助他人改正错误，不惜耗尽自己的生命"。并让学生自选一些事物，做本质的思考，展开联想和想象。以下是学生的一些习作："青松——高大正直，必然万年长青；大海——不弃滴水，方能成就浩瀚无边；大海——胸怀宽广，才能容纳百川；圆球——圆滑，却总是站不住脚；水晶——越美丽的，越容易破碎；云——因为软弱最终化为乌有；钢铁——千锤百炼，方可坚韧不摧。"多角度构思，多层面立意。事实证明，这种铺路搭桥的引导方式，学生既感兴趣又轻松自如，当思维得到启迪，认识问题和分析问题的能力自然也就提高了。

最后，可以举一反三，触类旁通，使学生心中有典型，手中有例子。每节语文课可开设课前三分钟演讲活动，让学生有畅谈的机会，每天让一位学生上台发言，谈一个现象，讲一个道理。七年级的训练：主要是上台向同学推荐文章，可以读稿。八年级的训练：诉说自己亲身经历的事情，并说说自己的感悟，必须脱稿。九年级的训练：讲一句名人名言，然后举出生活中的实例加以印证。教师在学生演讲后就本话题展开，从事例或理论上再加以适当的充实、点评，调动学生学习的积极性，指导学生利用具体与抽象的相关点、相似点，展开联想，提升认识，升华哲理。借助物象和人生表象，运用联想的类比法，锻炼学生的感悟能力。可由一个现象联想到相关的另一个现象，也可由一个现象联想到相关的一个事理，或对同一个现象，作不同角度的分析，产生不同的见解。

让学生的思绪飞扬起来，思接千载，视通万里，打开思想的闸门，让激情和智慧喷涌而出，在神思飞跃的过程中拿起如犁的笔，生活的芬芳、人情的柔美、世事的风云，便都在妙笔下生花。让学生在作文课上放飞生命的翅膀，幸福地翱翔，不断实现自身生命的价值。

语文课上有生命中最美的弦音，或聆听，或轻叩。让潜藏在心灵深处的情绪、思想和感悟细腻地、深刻地、有节律地舒张，如同潮音，如同鸟鸣，如同涧声，如花开的声音……

参考文献

[1] 中华人民共和国教育部．义务教育语文课程标准（实验稿）［M］．北京：北京

师范大学出版社，2001.

[2] 苏霍姆林斯基．给教师的建议［M］．杜殿坤，编译．北京：教育科学出版社，1984.

[3] 肖川．教育的理想与信念［M］．长沙：岳麓书社，2002.

[4] 郭思乐．教育走向生本［M］．北京：人民教育出版社，2001.

初中英语阅读课堂有效教学活动的实施策略

——市初中英语阅读课同课异构活动的对比分析

陆燕敏

摘　要：阅读教学活动是英语阅读课堂的重要组成部分，是学生获得阅读技能和语言知识的重要途径。本文通过对一次市初中英语阅读课同课异构活动进行对比分析，阐述了初中英语课堂有效教学活动的实施策略，以探索引发学生积极思考、提高课堂教学效率、促进学生掌握语言学习的方法。

关键词：初中英语　阅读教学　同课异构　实施策略

一、引言

2013 年潮州市中学青年教师教学观摩赛精彩落幕，其中初中组英语阅读课的观摩赛给笔者留下了深刻的印象。各位参赛教师对该节阅读课倾注了颇多精力，课堂上精彩纷呈。但是教学活动是否达到预期目标，的确是一个值得深思的问题。只有达到预期目标的教学活动才是有效的教学活动，而低效的阅读课堂难以激发学生的求知热情和发展学生在阅读上的可持续发展能力，也抑制了教师的教学创新。

有效教学是新课程背景下教师普遍关注的问题，有效教学设计下的有效课堂保证了教学有效性的完成。有效课堂教学活动的实质是圆满完成预期的课堂教学目标。教师通过有效设计和组织，"使学生在体验、实践、参与、合作与交流的过程中掌握语言知识和语言技能，增强跨文化交际意识，形成积极的情感态度和正确的价值观，实现全面发展"。[1]

下面从阅读课前、课中、课后三个方面就这一次阅读课的同课异构活动进行对比分析，积极探索初中英语阅读课堂有效教学活动的实施策略。

二、阅读教学材料分析说明

阅读材料源自 2013 年人教版英语课本（Go for it）八年级下册 Unit 7 Will people have robots? Section B 阅读材料 Do you think you will have your own robot? 该单元阅读材料谈论的是未来机器人发展的话题，其中涉及机器人过去和现在的状况，并主要介绍了两派科学家对未来机器人发展的不同预测。首先是读前活动，通过问题激活学生的背景知识。2b - 2d 是阅读理解活动，2b 旨在让学生通过略读判断各段段落大意，获得对文章的整体理解。2d 的文段是对阅读语篇的缩写，通过填词帮助学生转换文章信息，加深对文章的理解。该活动既关注信息，又关注语言，让学生在已经熟悉的语境中练习语言。2e 是读后讨论拓展活动，让学生在课文内容的基础上发挥自己的想象，对机器人的未来发展情况进行预测，与同伴分享观点，并写成小短文，进行相互评价。该阅读材料为科技说明文，是对学

生感兴趣的机器人的未来的描述说明，这是学生第一次接触说明文。这篇说明文融合了整个单元的语言结构，是对整个单元知识的扩展和综合运用。文章主题鲜明，层次结构清晰，便于教师阅读引导学生针对不同的目的，运用简单的阅读策略获取信息。

三、同课异构阅读课例对比分析

（一）课前对比分析

1. 呈现清晰明确的目标

教学活动是指为了某一特定教学目标而设计的任务（Richard&Lockhart，2000），因此设计和实施教学活动时必须基于明确的目标定位。如果目标定位不准确，就会使教学活动本身失去方向，达不到应有的教学效果。活动目标主要解决活动要做什么的问题，是呈现新的知识，还是训练技能；是发展策略，还是陶冶情操。[2] 在设计和实施教学活动时，教师不仅要做到目标明确，还要注意激发学生的目标意识。其中比较可行且直接明了的方法就是在课前向学生展示本课时的教学目标，告知学生他们能够从活动中获益，学到知识。

［课例呈现］其中两位教师采取了课前向学生展示教学目标的教学方法。

教师 A 上课前在课件上呈现了本课时的教学目标，如图 1：

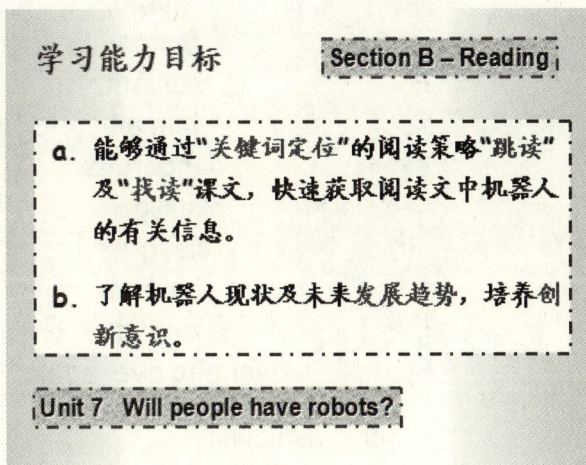

学习能力目标　　Section B – Reading

a. 能够通过"关键词定位"的阅读策略"跳读"及"找读"课文，快速获取阅读文中机器人的有关信息。

b. 了解机器人现状及未来发展趋势，培养创新意识。

Unit 7　Will people have robots?

图 1　教学目标

教师 B 展示的教学目标则如下：

Teaching targets：

Help students to get the information by scanning，skimming the passage.

Enable the students to make predictions about robots in the future.

Help the students to understand the importance of knowledge and encourage.

［分析与讨论］

教师 A 选择中文呈现目标，简单清晰，学生一看就明白了接下来这一节课的学习目标。且教师指出了这一节课要使用的阅读策略："关键词定位""跳读""找读"。这让学生做到心中有数，能在完成阅读任务遇到困难时，正确地选择教师课前提供的阅读策略，且该方法在后续的任务中成效明显。而教师 B 则使用英语呈现教学目标。由于这样的表述出现了生词和学生从未接触的句型，学生会看得云里雾里、似懂非懂，甚者会导致英语水平较差的学生在课前就产生紧张感、挫折感或抵触心理。虽然课前呈现教学目标是一个非常有效的教学策略，可为后续的教学任务做好准备铺垫，并为学生建立信心，但是简单清晰且行之有效的目标呈现方式才是保证教学活动有效的大前提。

2. 读前巧设情境，适当呈现新词

这次阅读课的同课异构中，各位教师都在 Pre–reading 这一环节向学生呈现会对阅读造成障碍的生词。

[课例呈现] 下面选取两位教师进行对比。

教师 A 以本节课的主体——机器人为话题，先后谈论机器人的外形、能从事的工作、未来的设想，依次引出 shape、factory、servant、human、dangerous、inside、disagree、believe、look for、over and over again 这些生词、词组。最后再一次呈现上述生词、词组，如图2：

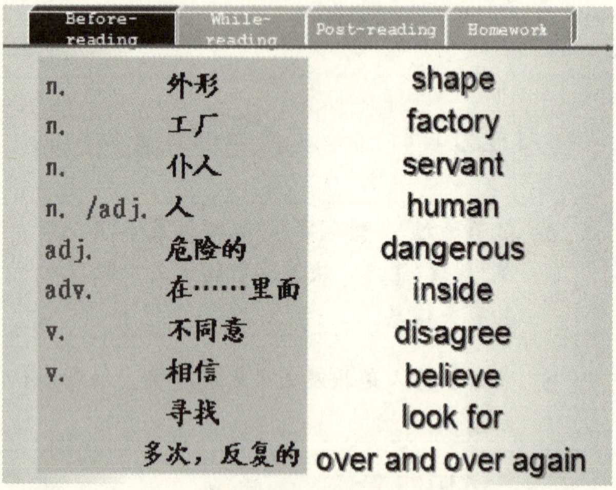

图2　生词、词组

教师 B 则一开始就快速呈现了一些生词、词组以及对应的中文意思，要求学生机械地跟读。

[分析与讨论] 教师 A 以创设情境来处理阅读中的生词，帮助学生在情境中理解新词和词组，让学生印象深刻，并为开展后续活动奠定了基础。而教师 B 枯燥机械地呈现生词的方式在帮助学生扫清阅读障碍方面帮助不大。

李冬梅认为，词汇呈现应适当。在导入阶段呈现影响学生阅读的词，对阅读影响不大的词则放在阅读时段呈现。这既可以减少新课导入时生词呈现的量，也可以锻炼学生的阅读技巧，提高学生在语境中理解词汇的能力。教师可以通过图片、视频、问题讨论等形式创设符合学生实际水平的教学语境，使学生在与主题相关的目标语的语义场中增加主体知

识；也可设计基于主体的词汇头脑风暴活动或自由交谈活动，在对话中增加学生直接学习目标词汇的机会；也可将语篇中的某些词汇添加下划线，要求学生用英语释意或用不同的词来替换，让学生能够借助语篇或语境从单词的音、形、义和用（词性或词组搭配）方面认识一些目标词汇，并为阅读扫除生词带来的障碍。

（二）课中对比分析

1. 明确阅读策略

有时有些阅读任务较为简单，不需用到阅读策略或所用阅读策略非常明显时，就无须教师进行点拨。但是遇到有难度的任务时，教师需要向学生点明阅读技巧策略。

[课例呈现] 2b 活动要求学生将各段与相对应的段意匹配出来。由于给出的段意相差不大，所以难度很大。教师 A 非常巧妙地处理 2b 活动，如图3：

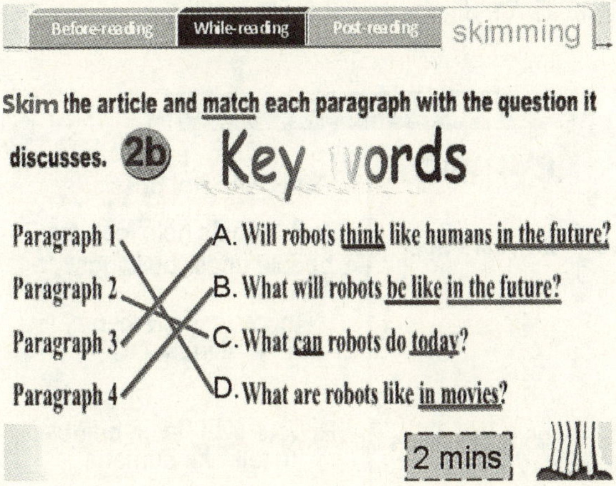

图3 2b 活动（1）

教师 B 的处理则较为粗糙，如图4：

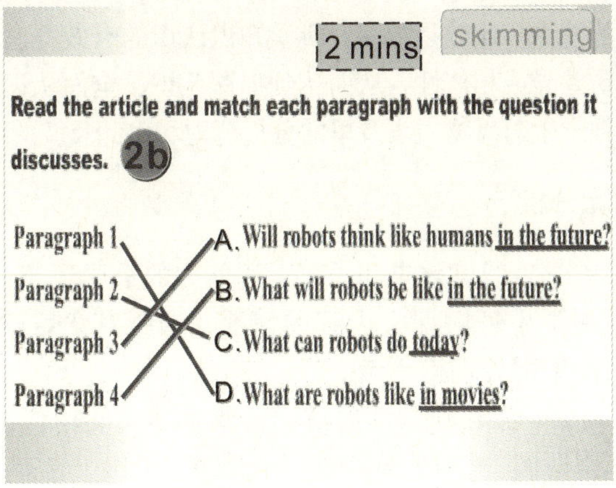

图4 2b 活动（2）

　　［分析与讨论］此项活动从对课文内容的整体理解，学生运用了关键词定位完成阅读任务，加深了对文章内容的理解，形成了重要的阅读策略，有效培养了阅读说明文的能力。教师 A 用红线画出 in the future、today 和 in movies，这一组关键词，又用蓝线画出 think、be like 和 can 另一组关键词，最后还点明使用 key words 这一技巧。在提问环节时，学生们都能快速准确地回答问题。而对这一活动所做任何处理不够精细的教师 B，在提问学生时遭遇尴尬，很多学生不是回答不出就是乱选答案，未能在规定时间快速准确完成任务。因此设计时要考虑学生的语言水平是否和活动难度相匹配，否则要作适当调整，提高或降低难度。

　　2. 巧妙利用对比理清文章主线

　　［课例呈现］教师 A 还在阅读中增加了 20 years ago、now 和 in 25 to 50 years 三个时间段的机器人会做的事情进行对比，巧妙利用了时间轴，引导学生使用一般过去时、一般现在时和一般将来时描述机器人的能力，如图 5：

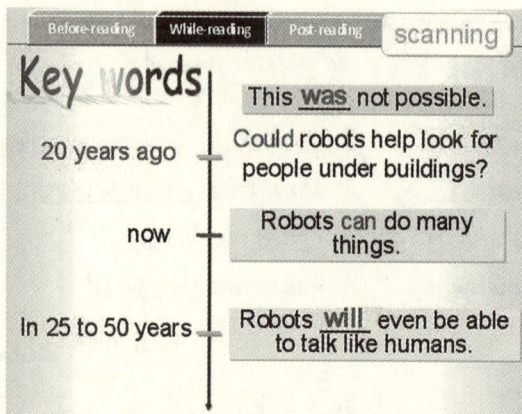

图 5　用时间轴讲述机器人不同时期的能力

　　［分析与讨论］利用时间轴既方便学生理解文章的主线，又能时刻提醒学生使用正确的时态讲述机器人不同时期的能力。比较是加深对所学知识认识的有效办法之一。比较利用反差效应突出了不同事物的本质差异或相似性，从而达到加深认识、全面认识的目的。教师以提问引导学生作比较，可以增强学生对事物由表及里的分析能力和由此及彼的综合归纳能力。

　　（三）阅读课后对比分析

　　英语读后教学是检验学生阅读效果和语言运用能力的重要环节，是英语阅读的重要组成部分，其目的在于检测学生理解课文内容的情况，增强其语言输出和综合语言运用能力。几位教师在读后活动中都处理得不错。

　　［课例呈现］这是其中一位教师的读后活动：要求学生使用含有 will 的表达一般将来时态的句型结构谈论未来时间——my own robot。课件中给出了含有 will 的句型，且 will 用红色字体强调。

图6　用含有 will 的表达来谈论未来时间

［分析与讨论］该活动为开放性讨论，言之有理即可。学生围绕文章话题，结合各自想象表达自己的看法。讨论中，学生出于交流需要，自然会运用到所学词汇，并整合课文内容，对课文主题形成积极的态度和看法。

四、总结

现代心理语言学和认知语言学理论认为，"阅读是一种复杂的、主动思维的心理活动，是读者根据自己已知的信息、已有的知识和经验对信息进行筛选、验证、加工和组合的思维过程，是一种相对独立的认知行为"[3]。初中英语阅读课通常分为阅读前、阅读中、阅读后三个阶段。阅读课前，教师要做到呈现清晰明确的目标，巧设情境，适当呈现新词；阅读中明确阅读策略，降低阅读任务难度，明确阅读策略，巧妙利用对比理清文章主线；阅读后，运用当堂所学词汇开展拓展性活动。在这三个环节中，教师在课堂上要步步为营，"效"字为先，策略并举。

参考文献

［1］康艳．新课程理念下影响英语教学有效性的因素分析［J］．中小学外语教学（中学篇），2011（3）．

［2］陈芳．如何提高英语课堂教学活动的有效性［J］．中小学外语教学（中学篇），2010（1）．

［3］陈瑛．主体参与英语阅读教学过程的研究［J］．中小学外语教学（中学篇），2001（2）．

［4］李冬梅．初中英语词汇教学有效性的几点思考［J］．中小学英语教学与研究（中学篇），2011（8）．

在学生心灵里洒满美德

——初中思想品德课中的美育渗透

刘家真

摘　要： 在当前的初中思想品德课教学中，受应试教育的影响，学生不能很好地将知识转化为内心的情感体验和自己的行动，部分学生甚至出现心灵不健康的情况。为此，课程的教学应改革创新，通过提升教师自身美德，整合美育资源，注重课堂美育渗透，创设情景，营造教学过程的和谐美和创造美，把德育与美育教育有机结合起来，在学生心灵里洒满美德，有效提升思想品德课的德育功能。

关键词： 中学生　思想品德课　美育渗透

美德，是指美好的品德，优良的品质、情操和行为，是每一个人都应该培养的优点。美德是一种修养，不是与生俱来的，需要后天的学习和感悟。初中思想品德课程的开设，其价值在于培养学生的美德，培养学生成为有理想、有道德、有文化、有纪律的"四有"新人。而时下我们的思想品德课教学，受应试教育的影响，重知识传授，轻情感、态度与价值观目标的落实；教学方式重"灌输"，轻学生的兴趣和需要。其结果是：学生掌握了许多课本知识，却不能将知识转化为内心的情感体验和自己的行动，甚至有部分学生的心灵不健康。

如何培养学生健康的心灵，提升思想品德课程的价值呢？笔者认为，只有创新，才能在初中思想品德课教学中加强课堂美育渗透，把德育与美育教育有机结合起来，这样的教学才能在学生心灵里洒满美德，有效提升思想品德课的德育功能。

一、在初中思想品德课中进行"美育渗透"的重要性和必要性

（一）美育与思想品德课的内在联系决定了"美育渗透"的重要性

卢梭在《爱弥儿》中说："只要热心和才能，就能养成一种审美的能力；有了审美的能力，一个人的灵魂就能在不知不觉中接受各种美的观念，并且最后接受同美的观念相联系的道德观念。"[1]卢梭把美育作为培养道德的一种手段，是很有道理的。美育就其本身而言是情感教育，它可以使人具有美的理想、美的情操、美的品格、美的素养，具有欣赏美和创造美的能力。在思想品德课中渗透美育教育，可以美化学生心灵，启发学生认识美、评价美、创造美，而思想品德课教学过程本身就是塑造学生心灵美和完善人格的过程。可见，在净化人的心灵、陶冶人的情操方面，思想品德课与美育的目标是一致的；在创造美的事物、培养"四有"人才方面，美育和思想品德课也是相通的。美育和思想品德课之间既存在共性，又各有个性，在学生美德培养中两者相辅相成，共同发挥着不可替代的作用。

（二）学生成长的需要决定了"美育渗透"的必要性

思想品德课程作为德育的主渠道，对学生进行爱国主义、集体主义和社会主义思想教育，进行传统美德教育及现代美德教育，使学生逐步成为具有美德的人。但这种道德认识教育，大多是以说理的方式进行，而当前学生受社会、媒体、网络等多方面的影响，容易接受反向思想，产生不同的情感反应，这不是单独靠"灌输"就能解决问题的，加上当前这些"00后"的初中学生正处于青春期，自我意识和独立性逐步增强，反叛意识较强烈，对思想品德课程中的强加概念与说法不感兴趣，这容易造成外在的行为规范难以成为学生的内在道德需要，不利于学生健康成长。

苏霍姆林斯基说："美是心灵的体操。"[2]运用美育手段，"以美感人，以情动人"，在课堂教学中渗透审美的知识和方法，提高学生分辨是非、美丑、善恶的能力，学生就能逐步地发现教材的内涵美，学会用美的眼睛看待美的世界。通过美育培养起来的审美情感，可以使一般的道德行为规范进入学生的心灵深处，使外在的社会要求成为学生自觉的内在道德需要，加速道德认识转化为道德行为的进程。可见，在初中思想品德课教学中，根据学生生理、心理特点进行"美育渗透"，不仅能很好地帮助学生顺利度过青春期，而且能养成良好的心理品质和道德品质，使其成为一名具有美德的人。

二、初中思想品德课中"美育渗透"的载体和实施

"美育渗透"的载体，是指教育者实施"美育渗透"时的凭借物，良好的载体是教育者的依托。就初中思想品德课教学而言，教育者的美德、情感因素、教学内容、方式和手段都是进行"美育渗透"的重要载体。

（一）把握情感因素，用自身美德熏陶学生心灵

情感美，是美育最主要的特点，美育的情感性决定了美育一定要注重以情感人。列宁说过，"没有人的情感，就从来没有也不可能有人对真理的追求"[3]。思想品德课从本质上来说是德育，从具体科学知识上来说是智育，但它们不只是灌输，更是一门艺术，需要情感的交流。作为个性较强的"00后"初中学生，他们渴望交流，喜欢平等和相互尊重，具有超强的拟成人化思维，因此，思想品德课教学需要以情感为纽带，以情养情，由情及理。为此，教师需要不断充实和完善自己，提升自身美德，如加强党的路线、方针、政策学习，加强自身思想修养，学习道德模范、感动中国人物事迹，升华自身道德情操，不断提高自身思想道德素质；注重继续教育，完善自身知识结构和能力结构，学习一些先进教学模式，提升自身教育理论修养和教学艺术；加强美学和美育知识学习，提高自身的审美能力，注重自身形象，提升自身形象美。只有这样，才能使师者美德成为美育的有效载体，在潜移默化中熏陶学生的心灵，提升学生的道德情感。

（二）整合美育资源，在课堂教学中向学生播洒美德

1. 挖掘教材美育资源，落实到课堂
教材是影响学生态度、观念、行为的重要媒介，思想品德教材蕴含着丰富的科学思想

和优秀的传统文化，也为很多教学内容配备了相关的图片和诗文，令人赏心悦目。但由于初中学生的审美知识和方法较缺乏，需要我们帮助学生根据教材的美育资料加以有效利用。如对教材中的格言、谚语、名人名言、警句进行取用，引导学生用美的眼睛看待美的世界。选用教材中蕴含着丰富美育资源的漫画、图片、美文以及"阅读与感悟"等感悟美的资料。如讲授粤教版八年级上册3.1"理解与宽容"这一内容时，教材后面"阅读与感悟"里有一篇美文《宽容是生命的阳光》，在引导学生阅读欣赏过程中，可以提出以下几个问题：①什么是宽容？②你对宽容是怎么理解的？③阅读这篇文章后，在今后的生活中你将如何做到宽容？通过学生实践体验，使学生在精神愉悦中进行自我反省，情感得以提升，以美导善，以美求真成为现实。

2. 发掘网络美育资源，充实课堂

"00后"初中学生对网络有较强的依赖性，网络是他们接收有效知识的一个渠道，也是他们用以反叛成人、标示自我特性的言说舞台与价值载体。这就要求教师更应主动占领网络阵地，发掘网络中的美育资源，进行审美教育，提高学生辨别真假、善恶、美丑的能力。这样既能通过学生上网验证而加深记忆，又能为学生的上网构筑"防火墙"，防止学生灵魂长杂草。如在讲授粤教版七年级下册8.3"拒绝诱惑"的教学内容时，可以借助网络播放一段视频，讲述在押少年犯是由于接触不健康网络视频而一步步走向犯罪的深渊，同时趁热打铁组织一场"面对网络不健康信息的诱惑，我们该怎么办"的讨论。这样的讨论深深触动了每个学生的心灵，达到了很好的教育效果。

3. 利用学校美育资源，丰富课堂

作为无言之美的学校环境，对师生的身心起着潜移默化的熏陶作用，学校环境是师生重要的审美对象。笔者所在学校位于风景秀丽的潮州西湖，学校办学历史悠久，文化底蕴深厚，是一所"具有山水文化的特色校园"。为此，我们充分利用学校本土的美育资源，用于课堂、丰富课堂。如在粤教版八年级下册8.4"负起我们的责任"教学中，教师可把"小课堂"和"大课堂"结合起来，带领学生参观学校卢侗纪念馆和景贤园。通过诵读景贤园里一副副或励志，或劝学，或传播美德的对联，如"诲己诲人通惟孝则，读经读史念及苍生""临水结庐岂止穷经通易，依山种玉当教怀瑾握瑜"等，让学生体味对联的美，体会先人、贤人对后代的期望，思考自己的人生，以此鞭策自己不断修养，追求进步。这样的教学使学生在身临其境中自然而然地提升自身的美德。

（三）创设情境，营造教学过程的和谐美和创造美

美育教育渗透的最佳效果应该是教育对象主动地接受教育，而不是被动地接受教育。为此我们应创设情境，营造教学过程的和谐美和创造美，这样才能使学生感悟思想品德课的美，感受到思想品德课的真。通过几年实践，笔者在进行思想品德课实例探究中就很好地解决了这个问题，采用"收集实例→推荐实例→分析实例→评价实例→对照实例及我该怎么做"的教学模式，这种模式通过选例、析例、评例，让学生参与交流，从而形成一定的体验并分享成功，符合"00后"初中生崇尚个性、渴望表现自我的个性特征，教学效果显著，是一种美的教学模式。如讲授粤教版九年级"实施可持续发展战略"这一主题时，教师可把课堂主动权交给学生，通过学生提供的实例，共同析例。有的学生从调查中

获知市区城市环境状况，从垃圾、污水、废气来阐述环境污染的危害性；有的从聚乙烯食品包装袋的使用及污染情况来说明环境污染的危害性；有的学生通过拍照来说明市区环境问题已引起各方重视，把拍摄下来的潮州滨江长廊绿茵草地及参天的木棉树、令人神往的凤凰天池、潮州人民广场清洁卫生的志愿者的身影等图片，让同学们欣赏、观摩、比较、思考。在轻松、愉悦的情境氛围中，师生相互析例、讨论，解决了对实施可持续发展战略必要性和重要性的认识，增强学生热爱家乡的情感，并自觉承诺履行保护环境的义务。可见，营造教学过程的和谐美和创造美，使学生在潜移默化的教育中播种美德。

此外，在创设美好的教学模式的同时，还可运用科学有效的辅助手段，如投影、幻灯片、动画、录像等多媒体手段以及开展参观、调查、演讲、辩论等活动，展现鲜明形象，营造审美意境，使学生从不同的方面去感悟美、领悟美的真谛，从而提高自身觉悟。

总之，在学生心灵里洒满美德，是时代赋予思想品德课的全新内容，是学生成长的必然要求。只要教师顺应时代发展潮流，更新教育观念，创新思想品德课的教学，美育渗透就一定能结出硕果。

参考文献

[1] 吕秀勋. 语文教学中审美主体的诱导——从《纪念刘和珍君》说起 [J]. 教书育人，2003（5）.

[2] 许冬玲. 论美育与人的全面和谐发展 [J]. 云梦学刊，2008（4）.

[3] 列宁. 列宁全集 [M]. 中央编译局，译. 北京：人民出版社，1958.

音乐教学中学生学习兴趣培养探析

罗 桦

摘 要： 音乐教育是素质教育的重要组成部分，它对学生思想道德、情操、身心健康等素质的形成，对促进学生素质的全面发展，有着其他学科无法替代的独特作用。提高学生学习音乐的兴趣，是学好音乐的基础。本文结合初中学生心理发展阶段的特点和教学实践经验，探讨了音乐学习兴趣的影响因素以及提高学习兴趣的途径。

关键词： 音乐教学 学习兴趣 培养 探析

中学阶段是人生重要的转折时期，学生们的世界观和价值观开始初步形成，并逐渐转向成人，中学阶段是进行美育的重要时期。因此，在音乐教学中应该以"情"和"美"的视角切入，把着眼点放在音乐教学的"情感化"和"审美化"上。[1]

在以往，受其他文化课的影响，音乐课的主要模式属于单纯的知识与技能的传授，在教学中几乎就是唱歌课，唱会即完成教学任务，而且教师往往对学生进行烦琐的乐理知识教学和枯燥的发声训练、视唱练耳，对作品的理解完全是教师说了算，在音乐教学过程中，学生完全处于被动状态。随着年级的递增，学生的反感情绪也不断增强，所以音乐教学在一定程度上出现"学了九年音乐课，有些学生仍然是一片空白"的不正常现象，这些现象令我们深思。古往今来，从瑞士的音乐教学家达尔克罗兹独创的体态律动教学，到匈牙利作曲家柯达伊创造的柯达伊教学体系，到德国作曲家奥尔夫创立的奥尔夫教育体系，到美国的综合音乐情感教育，再到我国新课程改革标准的实施，无一不在强调要充分调动学生学习音乐的积极性，以学生为主体；强调创造性，注重培养学生的想象力、创造力。由此可见，创造就是主动参与的过程。学生能够参与，一定意义上说明教师激起了学生的兴趣，也意味着课堂成功了一步。要如何保持学生这种长久的兴趣与参与性，这也是一线教师首要考虑的问题。

一、音乐教学中培养学生学习兴趣的重要意义

兴趣是指一个人经常趋向于认识，掌握某种事物，并具有积极情绪色彩的心理倾向。学习兴趣是学生参加活动最原始、最基本的动力，是学生有选择的、积极愉快学习的一种心理倾向，是学习动机中最现实、最活跃的成分，也是推进学生进行自主学习的源动力。学生的年龄特点、心理特点与自控能力，决定了在音乐教学中，教师必须把激发、培养学生的学习兴趣作为首要任务。如果学生对学习音乐感兴趣，他们就会采取积极的态度去参与音乐实践活动；相反，如果学生对音乐不感兴趣，他们则会采取消极、敷衍的态度。音乐兴趣是学生在音乐方面可持续发展的前提条件，即学生在人生旅途中不断学习音乐、享

受音乐、发展自身音乐能力的动力催化剂。学校教育只是人生的一个学习阶段，如果我们的音乐课不能使学生喜爱，不能成为学生发自内心的需求，那么任何所谓"音乐学习"对孩子们来说都没有意义。[2]

音乐中蕴含着丰富的可激发兴趣的因素，在音乐教学过程中，我们应该充分利用这些因素，使学生被一种愉快和谐的气氛所陶冶、感染、激励，从而激发对音乐学习的兴趣，培养学生对音乐知识深厚的感情。著名教育家夸美纽斯说过："教学是一种教起来使人感到愉快的艺术。"所以我们应该想方设法激发学生兴趣，优化课堂结构，这样才能提高学生学习的积极性、自觉性和主动性。

二、音乐教学中影响学生学习兴趣的几个因素

在一次课程研究中，针对学生对音乐课不感兴趣的原因，笔者对所教年级的学生做了个简单的问卷调查，得出如下结果：

教师因素主要集中在以下四个方面：①教师太严肃，动不动就批评学生；②教师只顾自己讲，没有给学生提供参与和表现的机会；③教师只关注特长生，不关心其他学生；④教师照本宣科，课堂平淡无趣。

教材因素主要集中在：①所选歌曲陈旧，学生不喜欢；②乐理知识偏难；③体系封闭，编排较呆板；④容量过大，内容偏多。

教学方法与手段因素主要集中在"填鸭式""满堂灌"的注入式教学法。

音乐教育是一种面向全体学生的基本素质教育，是一种艺术的教育、美的教育。在调查中，笔者发现，学生对音乐课不感兴趣的一个重要原因是学校在教学安排、课程设置，以及教师在日常言行中，经常流露出"音乐课不重要"的态度，因而使学生在参与音乐活动的过程中，不能积极投入，难以获得音乐所带来的愉悦体验，更谈不上对学习音乐产生极大的兴趣和欲望。

另外，教学内容单一化、专业化，教学方法落后，教学手段不够先进等也是影响学生学习兴趣的因素。受音乐教育理念落后、音乐教师自身素质不高、音乐教学与升学无直接联系、广大农村地区音乐教学条件较差等问题的影响，音乐课堂常呈现出死板不活泼、老套落伍的局面。如何改革传统的音乐教学，改变学生爱音乐却不爱音乐课的现象，唤起学生音乐学习的兴趣，已成为音乐教育迫切需要解决的重要问题。

三、音乐教学中培养学生学习兴趣的几点建议

音乐教育家卡巴列夫斯基指出："激发孩子对音乐的兴趣，这就是把音乐的魅力传递给他们的必要条件。"中小学音乐教学大纲中也明确指出：培养学生的音乐兴趣爱好是中小学生教育的主要目的之一。由于人的兴趣是通过实践产生和发展起来的，因此，对音乐兴趣的培养就得从实践中获得。那么，教师该如何在实践中激发学生学习音乐的兴趣，从而达到给学生传递音乐魅力的目的呢？

（一）转变教育观念

由于社会竞争的不断加强，学校之间的竞争也十分激烈。学校为了创牌子、出成绩，

都把主要精力放在抓学生主课的学习上，而轻视了音乐教学对于提高学生审美能力、创美能力等综合素质的重要作用。事实上，音乐教育是基础教育，是素质教育中不容忽视的重要内容，它对促进学生全面和谐发展有着其他学科不可替代的重要作用。强调音乐教育的重要地位，需要提倡先进的教育理念，提高音乐教师的综合素质，营造健康的音乐氛围，培养浓厚的学习兴趣。笔者认为，只有让学生真真切切地感受到音乐学习的重要性，才能调动他们的学习积极性。

（二）丰富教学内容

教学内容是音乐教学的依据，教学内容的选择将直接影响到学生的学习兴趣与效果。选好音乐教材，对培养学生的学习兴趣具有重要作用。音乐教材在编排和选择上应该充分考虑音乐教师和广大学生的意见，应该充分尊重音乐课程自身的规律和特点，要遵循学生身心发展规律和学生审美特点，适合学生演唱和欣赏。

针对学生好奇心较强这一特点，在音乐教学中教师必须灵活运用教材，精心设计、合理安排、大胆拓展教学内容；要因时制宜、因地制宜、因人制宜，利用丰富的教学内容激发学生学习的兴趣。

（三）创新教学方法

教学有法而无定法。在音乐教学中，我们不能局限于几种传统的教学方法，也不能完全照搬照抄国外的先进教学方法，而应该充分考虑我国音乐教育的实情，合理吸收国外先进的教学理念，紧紧抓住中学生的心理特点，依托现有的教学条件，根据教学内容灵活采用各种形式的教学方法，以激发学生强烈的学习兴趣。

1. 创设情境引发学生兴趣

苏霍姆林斯基说过："儿童是以色彩、形象、声音来思维的。"因此，在导入新课时，可以用一幅幅画面来体现教学意图，创设出绚丽多彩、声情并茂的环境。创设良好的音乐教学情境，使学生在轻松、愉快的学习环境中充满兴趣地进行各种音乐学习的活动，这只是培养学生兴趣的主要因素之一。教学中我们也可以根据教学内容创设一定的情境，活跃课堂气氛。例如在讲授花城版八年级上册"一个真实的故事"这一课时，笔者是这样导入的——先播放齐齐哈尔扎龙自然保护区里丹顶鹤的影像资料，激发学生对丹顶鹤的喜爱。再以纯音乐版的《一个真实的故事》作为背景音乐，并配以旁白：丹顶鹤，也叫仙鹤、日本鹤。丹顶鹤是鹤类中的一种，因头顶有红肉冠而得名。它是东亚地区所特有的鸟种，因体态优雅、颜色分明，在这一地区的文化中具有吉祥、忠贞、长寿的寓意。在我国齐齐哈尔扎龙自然保护区有一位被称为"中国第一位驯鹤姑娘"的徐秀娟，她为了救一只受伤的丹顶鹤，滑入沼泽中，献出了自己年轻的生命。她是我国第一位养鹤的姑娘，也是第一位为保护珍禽而献身的烈士。这位心地善良、美若丹顶鹤的姑娘被我们传颂至今，也使得越来越多心存感动的人们加入保护动物的行列。今天大多数人对野生动物的保护意识已成为自觉的行动，把它们与人类自己的生存紧紧地联系在一起，人与自然和谐相处的音符也在我们身边不断唱响……通过这样的方式，学生对歌曲背后的故事有了一定的了解，产生了学习这首歌曲的浓厚兴趣。

2. 活跃课堂氛围保持学生兴趣

教师要深入挖掘教材和研究学生的心理发展状况，以简洁和富有感染力的语言进行教学，使教学过程生动活泼，从而保持学生的兴趣。[3]新学期，笔者接手了一个新的年级，走进教室看到的是一张张陌生的笑脸。当笔者提议第一节课作一下自我介绍时，学生们一脸的没趣："唉，又是自我介绍……"可当笔者把备课时设计的自我介绍形式介绍给大家后，教室里顿时活跃起来，学生们交头接耳、互相讨论起来，刚才失望的神情变得神采飞扬。自我介绍的活动是这样开展的：

主题：听着我的歌，让你了解我。

示范：教师用《兰花草》的旋律，自编了歌词，把自己介绍给大家（其中包括教师的姓名、爱好，以及对同学们的期望）。

构思：以个人或小组为单位设计介绍方案。

展示：按设计好的方案上台表演。

活动开始了，同学们不像以前作自我介绍那样枯燥、机械了，而是积极投入活动中，群策群力，极力想设计出最好的表演方案。在自我展示环节中，教室里笑声迭起、掌声如雷，同学们的自我介绍一个比一个精彩。就这样，时间在同学们的欢歌笑语中悄悄溜走，第一堂具有创作意义的音乐课给同学们留下了生动而有趣的印象。教师只是作适当的点拨和提示，学生便从被动的接纳者转为积极主动的参与者，自信心大增，创造的潜力得到了充分的发挥。通过这次有趣的自我介绍活动，同学们对教师了解的同时，同学互相之间也了解了，教师对他们也有了更深一步的了解和最恰当的评价。

学生对音乐学习的兴趣是在自身的学习活动中形成和发展的，当他们通过努力获得某种成功时，就会表现出强烈的学习兴趣，这也是"快乐教育"的基本原理。因此，教师应该认真研究音乐教材，精心设计教学方法，合理安排练习步骤，让学生在音乐学习中不断获得成功的体验，这是培养学生音乐学习兴趣的最根本的保证。教师可以选择律动游戏、音乐游戏、歌舞表演、小组比赛等形式，让学生积极参与其中，使他们在充满兴趣的、轻松活泼的音乐练习中，满足自己的表现欲，从中得到成功的喜悦。

3. 善用肯定激发学生兴趣

每个人都渴望成功，成功给人自信，成功能促人奋斗、催人进取。教师在教学活动中，要及时肯定、鼓励学生。善用肯定的语言，就是对学生做出努力的一种认可，是激发学生学习兴趣、调动学生情绪的重要手段。[4]其主要手法有：①在每次音乐活动之后进行积极性语言评价；②对学生的音乐学习作阶段性的评价；③用掌声、微笑等对学生的行为活动表示肯定；④鼓励、辅导学生积极参加学校、班级的文娱活动。除此以外，在教学过程中，教师还必须为学生营造良好的教学氛围，让学生在一个民主、愉快、宽松、和谐的氛围中学习、活动。这就要求教师在教学中要与学生建立朋友关系，去鼓励他们、关注他们，能始终用亲切、诚恳的语言和表情与学生交流，使学生以轻松、活泼的心态参与课堂学习活动。

（四）完善教学手段

随着技术的发展和学校条件的改善，音乐教学中可以利用的教学手段也越来越多，作用也越来越明显。根据不同的教学内容采用不同的教学手段，创造出有特色的教学环境，这也是培养学生学习兴趣的重要途径之一。

1. 充分发挥现代教学手段的优势

随着多媒体技术、网络技术的普及和发展，各种现代教学手段逐步走进音乐课堂。我们要在音乐教学中充分发挥现代教学手段的优势，给音乐教学注入新的活力。音乐课程中的欣赏课是以欣赏优秀音乐作品来提高学生的审美能力和水平的，同时也是陶冶学生情操的必不可少的课程。其中所选取的音乐作品能否引起学生的兴趣颇为重要，作品贴近学生的生活和欣赏水平，那么学生自然很容易接受。但笔者认为还有很重要的一点是，教师要给学生提供更多的同一作曲家的其他作品，才能符合大多数学生的欣赏口味和水平。大多数学校的这方面资料根本无法满足这一需要，网络资源可以极大地弥补这一不足。教师通过网络搜集各类作品，分类整理让学生欣赏，可以有效起到拓展学生视野、提高学生兴趣、发展学生审美能力的作用。[5]另外，通过网络学习也是一种全新的学习方式，师生之间、学生之间通过网络平台进行音乐学习的交流，彼此处于平等的状态，可以消除课堂教学中学生拘束的心理，大胆发表自己的看法。这些特点都使学生在音乐学习中处于主动地位，由"要我学"变成"我要学"，学生的主体意识不断增强，学习的兴趣也不断提高。

2. 深入挖掘传统教学手段的潜力

在大力推广现代教学手段的同时，我们还应创新地运用传统的教学手段，深入挖掘传统教学手段在培养学生学习兴趣中的潜力。

教师可以设计新颖、笔画优美的板书，也可以借助美术的形式，制作一些小道具，吸引学生的注意力，为教学增添活力。还可以组织学生动手制作教学道具，激起学生积极参与的热情。

3. 充分利用其他教学手段的特点

中学生有很强的模仿欲望和能力，而学生对音乐的兴趣也与他所接触到的音乐作品有极大的关系。好的音乐作品可以激发起学生的创造和表现欲望，而没有接触过好的音乐作品的学生是不可能有很强的表现欲望的。所以，教师应该提供尽量多的优秀的音乐作品，扩大学生的视野，激发他们的兴趣。我们对教学手段的理解，不能局限在课堂内、教材上，而应把视野拓展到课堂外；不能只关注对音乐教学有直接作用的手段，而应充分利用一切可以利用的手段，最大限度地培养学生对音乐学习的兴趣。

就笔者所在的学校来说，利用广播，在午餐时间和午休后下午上课前的时间播放一些健康优秀的歌曲；在学校的橱窗、走廊、教室内张贴一些音乐图片，这样既陶冶了学生的情操，又让学生在浓厚的音乐氛围中受到潜移默化的感染，始终保持对音乐的热情。作为音乐教师，我们要大胆发挥自己的想象力和创造力，把音乐融入学生生活的点点滴滴中，让学生看到的、感受到的事物和参与的活动，都体现出音乐的气息和美感。

4. 合理搭配各种教学手段

不同的教学手段有不同的作用。如运用恰当，能调动学生的积极性；若运用不合理，则不但不能对教学起到推动作用，还会影响学生的积极性。因此，音乐教师要不断提高自身素质，熟练掌握各种教学手段的运用，了解不同教学手段的优势和不足，根据不同的教学内容，合理搭配使用各种教学手段，真正发挥各种教学手段的长处，调动学生学习音乐

的积极性。[6]

　　总而言之，兴趣是学生最好的老师。学生只有对音乐产生了兴趣，才能学好音乐。在音乐教学中，教师应根据学生的年龄特点和认知规律，科学设计学习活动，创设问题情境和主动参与学习的氛围，千方百计调动学生的积极性，激发学生学习的兴趣，使技趣相生，从而达到"以悦助情，以趣助情"的目的。有了浓厚的兴趣，学生精神才会更丰富，思维才会更灵活。

参考文献

［1］邵祖亮．中学音乐教学法［M］．上海：上海音乐出版社，1993．

［2］陈丽华．中学音乐教学初探［J］．学周刊，2013（12）．

［3］张晓霞．浅谈中学生音乐兴趣的培养［J］．艺术教育，2004（6）．

［4］马卓．浅析学生学习音乐兴趣的培养［J］．基础教育论坛，2010（12）．

［5］王彤．中学生音乐兴趣的初步研究［D］．西北师范大学硕士学位论文，2005．

［6］陈雪丽．在教学中激发学生音乐兴趣四法［J］．美与时代（下），2006（7）．

耐力跑教学练习方法探索

苏礼屏

摘　要：耐力跑锻炼不仅可以锻炼学生的耐力，增强心肺功能，还可以培养学生吃苦耐劳的精神、顽强拼搏的作风和坚忍不拔的意志。因此，教师可尝试多种不同的教学练习方法来引导学生参与耐力跑练习，使学生最大限度地体验耐力跑过程中的快乐，取得较好的效果。

关键词：耐力跑　教学　练习方法　探索

耐力跑是中小学体育教学大纲规定的必修项目，与场地因素关系不是很大，易于开展，并且健身效果很好。通过耐力跑锻炼，不仅可以锻炼学生的耐力，增强心肺功能，还可以培养学生吃苦耐劳的精神、顽强拼搏的作风和坚忍不拔的意志品质。

然而，在对学生进行耐力跑的教学中，笔者发现经常会出现"三多"现象（请假多、叫苦多、投机取巧多）。因此，教师可尝试多种不同的教学练习方法，来引导学生参与耐力跑练习，使学生最大限度地体验耐力跑过程中的快乐，取得较好的效果。

在近二十年的教学实践中，笔者在耐力跑教学中采用了很多的教学练习方法，有"螺旋形跑""蛇形跑""8字形跑"等图形跑练习法；有跳绳练习、台阶练习、跨越练习等素质练习法；有在跑步中穿插高抬腿跑、深蹲跳、单足交换跳等跳跃动作的变换动作练习法；还有折返跑、间歇跑、变速跑、重复跑等练习法。但下面几种练习法在耐力跑的教学中取得了不一样的效果。

一、耐力跑练习法

（一）自然地形跑练习法

笔者所在学校依山傍水，环境优美，学生在校园跑步是一种享受。教师可根据学校环境，先制定好跑进路线，并交代给体育委员或体育尖子。然后将学生分成两路纵队，按顺序跑进，先在田径场（200米场）上慢跑两圈，由体育委员或体育尖子领跑，教师在队伍中间指挥、指导，提醒学生注意安全，督促学生按指定线路跑进，重复2~3遍，路程总计1 500~2 000米。

一方面，自然地形跑对于学生而言，有较强的新鲜感，学生也比较熟悉学校环境，有利于组织教学。同时，教师与学生一起跑步，易于创造良好的学习氛围，增进师生间的情感交融，创造和谐课堂。另一方面，在跑进过程中教师应加强安全教育，防止学生出现意外，学生的跑进线路应尽量在教师的视线范围内。

（二）列队变向跑练习法

由身体素质比较好的学生担任领跑，其他学生依次排成二至四路纵队。教师以手势或信号指挥、调动领跑者，按照场地所画出的路线进行变向跑步练习。教师可以随时发出信号，改变跑动方向，其目的在于集中学生注意力，提高练习兴趣。教师也可以随时指挥队伍变换形式，如击掌跑步，既整齐又可以欣赏跑步的节奏，调节气氛，还能让学生从中享受到练习的乐趣；也可以喊口令"一二一""一二三四"等，使学生精神振奋。在此基础上可根据学生体力等具体情况，适当增减时间，加大或降低运动量和强度。

此方法教学手段多样化，通过不断改变队形和路线，防止学生产生厌倦情绪，激发学生参与的主动性和练习热情。练习时不规定时间、圈数，只要求队形整齐，减轻学生的心理压力，降低紧张程度。

（三）超越、领跑练习法

学生分成四组（15 人左右）一路纵队在跑道上匀速跑进，第一人手握接力棒或小红旗。当队伍跑出约 30 米后，最后一名学生开始从队伍的右上方加速跑进（其他人均以匀速跑进），当超越第一名后，接过接力棒（或小红旗）后立即恢复原来的跑速开始领跑，并把接力棒（或小红旗）举过头。这时最后一名学生看到接力棒（或小红旗）时按前一名同学的方法跑进，依次类推，直到完成规定的练习距离（一般设定为 1 200～1 400 米）。

这样快慢交替进行变速跑，学生既可以在慢跑中恢复体力，积蓄力量，以待更好地超越（加速跑），又能使学生在超越、领先的过程中充分体验"强者"的感觉，享受成功的快乐，激发学生积极向上的学习热情和竞争意识，培养学生努力完成任务的顽强拼搏精神。

（四）限时跑练习法

通过限制一定的时间，让学生按照自己的体能和耐力来完成耐力跑，体能强的学生跑快点、跑长点，体能较弱的学生跑慢点、跑短点。限制时间可以由 6 分钟开始，逐渐增加到 8 分钟、9 分钟、12 分钟等。

学生开始两路纵队跑进，之后随着个人的速度不同可以超越。在学生练习的过程中，要不断提醒学生注意调整呼吸，当学生开始出现"极点"时，指导他们深呼吸，克服眼前困难，用"加油""努力""坚持就是胜利"等话语鼓励学生完成任务。由于练习前已给学生讲过什么是"极点"，如何调整呼吸，再加上练习过程中的不断鼓励，教学取得良好效果：第一次尝试上课的 101、102 两个班共 59 名女生全部完成 12 分钟限时跑，最长的跑了 2 200 米，最短的跑了 1 500 米。虽然学生有的跑得多，有的跑得少，也有个别学生跑、走交替，但最终都能坚持跑完 12 分钟，这对于刚进入初中阶段不久的学生，特别是女学生来说是件不容易的事。

限时跑练习法是耐力跑教学中常用的一种练习方法。因为这种练习方法比较简单、容易组织，深得体育教师的青睐。这种练习方法能充分发挥学生的自身体能和耐力素质，能激发学生的潜能，使学生超越自我局限。

（五）游戏练习法

通过游戏的形式进行耐力跑的锻炼，学生可以在欢快、轻松、有趣的游戏中减轻身体的不适反应。

一般游戏可选择强度大、时间稍长，并以大多数学生活动为主，可采用追逐、接力、过障碍等游戏，有跑、跳、蹦、绕等方式。教学中可选用复式游戏以增加强度。如"呼啦圈套人"游戏，是在规定的场地内，由一人持呼啦圈跑动套人。在进行耐力跑游戏时，可增大原来的场地，改3人或5人持圈，追逐"套人"，这样学生就要不停地在规定场地奔跑以躲避可能在前后左右出现的"套圈人"，既增加了趣味性、灵活性，又增强了耐力，深受学生欢迎，达到积极参与练习的目的。

二、实践调查

（一）实践内容

以上五种耐力跑教学练习法。

（二）实践时间

2011年11月—2012年3月（2011—2012年度第一学期第14至19周，第二学期第1至8周）。

（三）调查对象

2011年9月入学的初一级新生101、102、103、104班女生共107人。

（四）调查结果

教学练习方法	很喜欢	一般	不喜欢	不喜欢原因（主要原因）
自然地形跑练习法	81	15	11	容易伤到踝关节
列队变向跑练习法	21	30	56	难度太大
超越、领跑练习法	90	14	3	有点累
限时跑练习法	53	32	22	时间太长
游戏练习法	92	13	2	太累

（五）调查评价

学生普遍喜欢有趣味性、挑战性的练习法。比如，采用超越、领跑练习法和游戏练习法时，虽然有学生觉得累，但大多数学生都非常喜欢，而且任务完成得很好。很多学生都

表示希望再采用此类练习方法练习耐力跑。

三、自我感觉（自我评价）

教学练习方法	自然地形跑练习法	列队变向跑练习法	超越、领跑练习法	限时跑练习法	游戏练习法
组织难度	中	难	中	易	中
教学效果	好	中	好	好	好

　　追求乐趣是人们参与运动最基本的动机，要使学生积极参与运动，就必须想办法让学生体验到运动带来的快乐。教师多动脑筋，多想办法，多采用不同形式的练习方法和教学手段，完全可以把枯燥乏味的耐力跑练习变得乐趣多多、其乐无穷。

参考文献

［1］易保红．提高女生耐力跑的趣味性［J］．安徽体育科技，2001（3）．

［2］梁建忠．耐力跑趣味性训练12法［J］．小学教学研究，1998（8）．

浅谈思维导图在英语写作教学中的应用

黄　璇

摘　要： 在学习英语的过程中，书面表达，即英语写作是许多学生很头疼的一个问题。学生写不好英语作文最关键的一点就是不知道如何去思考，也就是说，不知道如何根据作文的要求、要点去思考分析。而思维导图的特性之一就是能够帮助学生思考，可以成为学生思考的线路图。思维导图用其独有的特点帮助学生在写作构思时形成直观的印象，并且在作文的各个要点之间建立联系。

关键词： 初中英语　写作教学　思维导图　应用

思维导图（Mind Map）是一种将放射性思考具体化的方法，运用在教学中能够帮助学生思考，可以成为学生思考的线路图。思维导图以其独有的特点帮助学生在写作构思时形成直观的印象。

一、思维导图的概述和设计方式

（一）思维导图的概述

思维导图是英国著名学者东尼·博赞在 19 世纪 70 年代初期创立的一种新型笔记方法，它以放射性思考为基础，是一个简单、高效、放射性、形象化的思维工具，能够全面调动左脑的逻辑、顺序、条例、文字、数字以及右脑的图像、想象、颜色、空间、整体思维，使大脑潜能得到最充分的开发，从而极大地激发人们的创造性思维能力[1]。

思维导图运用图文并重的技巧，把各级主题的关系用相互隶属与相关的层级图表现出来，把主题关键词与图像、颜色等建立记忆链接，充分运用左、右脑的机能，利用记忆、阅读、思维的规律，协助人们在科学与艺术、逻辑与想象之间平衡发展，从而开发人类大脑的无限潜能。因此，思维导图具有推动人类思维的强大功能。

随着研究的深入，国内外专家皆认为：思维导图为人类提供了有效思维的图形工具，能够开发人类大脑的无限潜能。在各个领域当中，思维导图都发挥着巨大的作用。经过近几年的教育教学研究与实践，我们发现思维导图是一种非常有效的教学工具，并在教学方面做了一些有益的尝试[2]。

（二）思维导图的设计方式

第一步，找出知识点之间的联系，然后用线条、色彩、箭头、分支以及其他方式来展现它们之间的关系。第二步，在纸的中间明显地写出有关信息的关键字或中心思想。第三

步，在其他空白的地方找到其他信息与关键字的应有关系，正确地进行评估，然后在恰当的地方将其画出，以清楚地表达这些相关信息和主题的关系。第四步，导图画好之后，要对其进行一定的整理和修改。

二、思维导图应用于英语写作教学的探索

（一）问题的提出

学生听到写英语作文就感到害怕，不知道从何写起。如在人教版新目标英语八年级下册 Unit1 中有这样一篇写作要求：How to keep healthy 要求学生以此为题写一篇作文，很多学生这样写道：How to keep healthy? I think I can run to school. So I can be healthy. I can ride to school every day. I can exercise. I do sports every day. Good health helps me study better.

在文章中，学生直接把题目翻译成了英文，也不知道用哪些词语来写这样的文章，而且从头到尾都是用同一种句式和表达方法甚至同一单词来写文章，甚至表达的观点都是同一个，即通过锻炼来保持健康。写这样类似文章的学生不在少数，导致作文大多雷同，缺少个性，并且最重要的一点是学生根本没有明白这篇作文的重点在哪里。

（二）问题产生的原因

在解决上述问题之前，首先我们要想想学生写作时需考虑哪些方面的因素？①本话题的写作模板结构。②本话题所需要的要点、短语。③本话题所涉及的经典名句、谚语等。

当学生知道了作文的体裁、话题之后，首先碰到的一个困惑是我要写哪几个方面的内容。其实这属于作文思考的方向问题。学生通常看到题目，不知道从何下笔，不会依照作文要求在草稿纸上迅速搭建写作框架（列提纲），也没有这个习惯。

（三）解决问题的方法

学生写不好作文最关键的一点是不知道如何去思考，而思维导图的特性之一就是可以成为学生思考的线路图，它简单却极其有效。

那么如何通过思维导图来帮助学生解决写作上的这些困难呢？写作是一种积累的过程，不是一蹴而就的。新目标英语是根据每个话题来编写每个单元的，每个话题又涉及本话题写作的词汇和写作要点。怎样把这些词汇和需要进行写作的要点运用到学生的写作中？怎样让学生看到作文就想到要写什么？怎样把零散的词汇和需要进行写作的要点运用到合适的地方？

思维导图是学生在认真阅读作文要求的基础上，根据自己的理解画出的图，由三个部分组成：中心语、分支、线条。"中心语"即依据作文内容提取的关键词语，多为作文题目；分支由粗到细，形成不同的层次，依据内在的逻辑关系分级连接；学生根据自己的理解选择，自行创造。在运用思维导图进行作文教学的过程中，教师可采用三个步骤进行指导。三个步骤是在整体阅读作文要求的基础上进行的，是对作文内容的初步感知，主要训练学生的观察力和概括力。解决的问题是：文章的题材是什么？如何保持健康？有哪些方面可以保持健康？

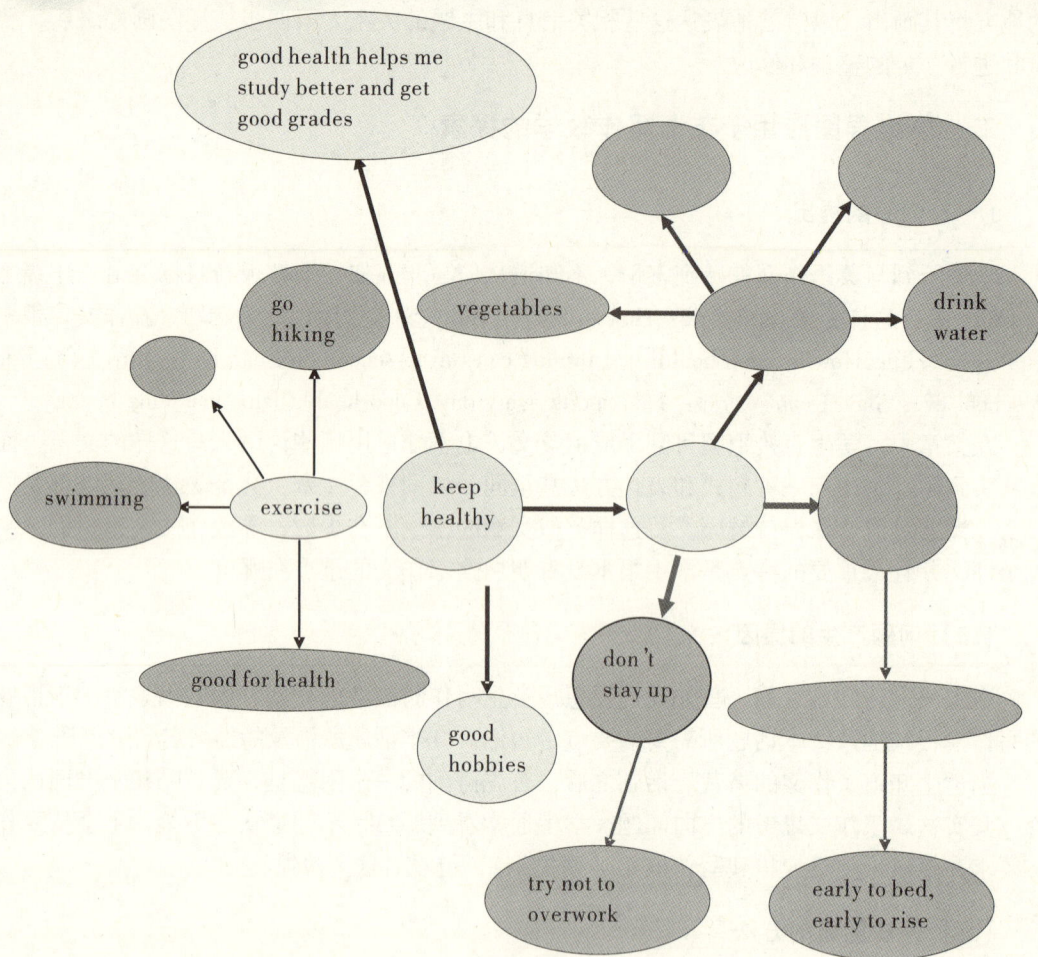

思维导图

三、应用思维导图应注意的问题

(一)注意课内与课外相结合

思维导图在课堂教学的应用中,由于学生自主学习的自由度较大,搜集整理信息的操作量大、耗时多,可能会影响正常教学任务的完成。为此,可采用课堂教学和课外自主学习相结合的途径。在课堂教学过程中,教师可以针对学生形成的初步成果(如学生自己整理制作的导图)组织交流、讨论[3]。

(二)注意发挥教师的主导作用

因为学生不同的思维方式会导致学生绘制出不同的图形。因此,教师应该根据不同学生的学习风格给予不同的指导,有效地节省学生的时间。

四、结论

思维导图确实对于提高学生的写作有很大帮助。它不仅让学生学会在写作之前列提纲，理清思路，而且知道用哪些词汇和写作要点去写文章。最重要的是思维导图让学生掌握了思考问题的方式。翻开思维导图本，学生可以明确每个单元的脉络、重点词汇和要点，以及精彩的语段和句子。学生在翻阅思维导图本的同时不仅复习了每个单元的重点词汇、句式，而且产生新的观点和信息的再次加入，也为今后的写作提供了丰富的素材。

因此，它不仅仅教会学生作文技巧，更要通过思维训练，教会学生学会科学用脑，掌握科学的思考方式。对开发学生写作时的立意、构思的思维具有很大的作用。

参考文献

［1］东尼·博赞. 思维导图大脑使用说明书［M］. 张鼎昆，徐克茹，译. 北京：外语教学与研究出版社，2005.

［2］东尼·博赞. 唤醒创造天才的 10 种方法——思维导图丛书［M］. 周作宇，张学文，译. 北京：外语教学与研究出版社，2005.

［3］中华人民共和国教育部. 普通高中英语课程标准（实验）［M］. 北京：人民教育出版社，2003.

快乐学习，来自教师的激趣意识

谢 斐

摘 要：初中学生听、说、读、写的语文能力的培养很大程度依赖于教师的有效引导。要让学生学得快乐，学有所成，必须提高教师的语文素质修养。本文阐述了教师在教学激趣创设环节中的主体地位，研究、探讨了提高学生学习兴趣的要求及具体做法。

关键词：语文教学 学习兴趣 激发 探讨

学习是人类特有的一种高级的神经活动，当一个人对一件事产生了兴趣，兴致盎然会使人的中枢神经兴奋不已，就会激起强烈的追求欲望，其学习效果与被迫的、不得已的学习效果截然不同。"学习是最需要自主的行为。"[1]语文的学习也是如此。在初中阶段，语文教学应着重启发与培养学生学习的兴趣与积极性，引发他们对语文的向往和渴求，从而兴致勃勃地听讲、提问、找答案，在生活中主动关注语文，笔者结合课堂内外的教学实践，对初中学生语文学习兴趣的培养方法进行探究和总结。

一、增强教师个人魅力，提升课堂吸引力

课堂是教与学的主要营地。学生每天要上八节课，学习的科目内容众多，记忆强度大，怎么才能让学生喜欢上语文课呢？笔者认为教师上课的个人魅力是至关重要的。

其一，教师要形成开朗、风趣的上课风格，营造轻松、幽默的课堂气氛。语言要丰富生动，声调应抑扬顿挫，表情也要丰富多变，让学生感觉到是一个亲切的、活泼的朋友在与他们交流，而不是一个呆板枯燥的、高高在上的授课教师。

其二，为了激发学生听课的愿望，教师应该在每一节课的一开始就调动起学生听课的情绪和欲望，所以教师应该精心备好每一节课，精心设计好一个匠心独具、富有创意的引入。

其三，上课时，尽量根据课文内容适时、适量、适当地穿插学生感兴趣的趣闻轶事、典故名言、俗语谚语等，除了可以扩大学生的知识面，更能激发学生对上课内容的兴趣。

比如在教学郭沫若的诗歌《天上的街市》时，教师一上课可在柔美抒情的背景音乐中，用饱含感情、抑扬顿挫的声调朗读诗歌，大屏幕上则同时放映着一张张有着璀璨星空的美丽街市的图片。在这样的氛围中，整个班级都跟随着教师的朗读，沉浸在诗歌的强大震撼力中，学生的中枢神经已经开始兴奋，强烈地希望跟随教师来品析这篇优美的诗歌。这时，教师再适时地提出几个问题，学生便能够全身心投入，深入思考，探寻答案。而在探究诗歌的主题时，教师可以让学生来介绍家喻户晓的有关牛郎织女的民间故事，此时再向学生提出"作者为什么要作这样的改动？这表现了作者什么样的感情？"接着教师可以

介绍诗歌时代背景、诗人的心态、诗人的性格等，这样学生就能理解诗歌所要表达的思想感情了，这让学生在兴奋学习中达到事半功倍的效果。

其四，寓教于乐，在课堂中适当引入游戏、竞赛等活动，使学生的情绪亢奋，让学生主动、快乐、有效地参与课堂学习，使知识性与娱乐性得到较好的结合。

开展语文课堂游戏，形式多样：①情节性强的课文可以让学生表演课本剧，如《皇帝的新装》等；②以对话为主的课文可以让学生分角色朗读，如《孙权劝学》等；③讲故事，情节简单的课文如《孙权劝学》等，可以让学生发挥想象来讲故事；④教师在授课时故意讲错一些地方，可以是成语用法、字词读音、历史典故错用等，让学生找出来；⑤可以利用课文内容，让学生进行辩论，如《陋室铭》中设置辩题"在物欲横流的社会中，物质生活更重要"和"在物欲横流的社会中，精神生活更重要"让学生当堂辩论；⑥也可以进行传话游戏，教师把一句优美的句子写在一张纸条上，并告诉一个学生纸条上的内容，让他再告诉另外一个学生，以一传一，传达到最后一个学生时，让他写到黑板上，再出示纸条，看看传话的效果。诸多游戏可以振奋学生的情绪，让他们切实地在玩乐中体会到语文的乐趣，又在游戏中感受到语文的魅力。

比赛的内容可以是朗读、背诵、答题、写作、写字等，比赛的形式可以是分大组、分小组、分男女、分个人等来比赛，多为课堂局部穿插，也可全堂贯穿。

值得注意的是由于年龄特点，初中学生比较好动和好胜，教师在游戏、比赛过程中要注意课堂纪律的组织、调控，避免失控，或偏离教学的主要内容，以达到课堂预期的效果。

二、举行课外活动激发兴趣，采用多种形式提高语文素养

我国古代教育家孔子说："知之者不如好之者，好之者不如乐之者。"这是有关学习兴趣的一个经典论述。语文教师在学习相关课内内容时有针对性地在课外举行各项语文活动，轻松、快乐地教与学，省时、省力又高效，采用这种学生欢迎的方式来提高学生的语文素养。

例如，在教学《月亮上的足迹》时，结合课本内容，教师制作精美课件，展示大量科学彩图，使学生在课堂上对科学知识的兴趣得到激发。课后，在班里举行一场以"月亮文化"为主题的系列语文活动。先是组织学生以组为单位出一期关于"月亮文化"的手抄报，再是举行"月亮文化知多少"的知识竞赛，学生们都兴致高昂地查资料，对月亮的科学知识和人文文化的认识有了一个质的飞跃。然后趁热打铁，由学生自己组织一个出版组委会，选出主编、编辑等若干人，全班同学均为作者，以日记的形式每人轮流写作一篇文章，出版一本名为"我在月球上的日子"的书。当然出版册数仅为一册，且为手写本。校长亲自题写了优美回旋、振奋斗志的序，学生的想象力、写作能力空前高涨，写出了一篇篇超水平的日记式美文。

又如，结合《从百草园到三味书屋》和《爸爸的花儿落了》等有关成长题材的文章，举行"成长的历程"采访活动，让学生自己当记者，在生活中去采访家长、亲友、教师、邻居等，了解他们的成长过程。长者的曲折经历、挫折人生、成功喜悦等，会让学生多些对人生的感悟和思索，思想似乎也成熟了不少。在颇多感触中，他们写下的采访稿质、量

兼收，而后在班里展示这些采访稿，学生们都兴奋不已。

在语文课堂上也可以举行辩论会、故事会、诗词接力、制作作文本等活动，总之，不拘泥于教学的方式，花点时间琢磨一下快乐学习带给人的愉悦感，学生就一定会爱上语文。

三、回归生活，创设阅读氛围

生活处处有语文，生活处处要语文，这是语文与其他科目不同的地方，因此，如果仅仅在课堂上学语文，在试卷中用语文，就会走进语文教学的死胡同。培养学生的语文兴趣更重要的是，教会学生如何读书与思考，怎样从生活中汲取知识，尽量引导他们从生活、劳动、娱乐中充实和丰富语文知识。学有所用，这些知识在考试中一时半会儿可能反映不出来，但学生们提高了接受及理解各种信息的思维能力，这些能力在接下来的语文学习中便会逐渐地体现出来，从而使他们时时处处主动地汲取语文知识，随着知识文化的厚积薄发，语文成绩亦会在不自觉中呈上升趋势，而更广泛的意义是从此改变了学生的生活感受，提高了文化修养，这又是语文让人得益一生之事啊。

教师可以指导学生在生活中寻找语文，如找出家家户户门上的对联、店铺名中的错别字，发现有趣的广告词，在看电影或电视时记住有深刻内涵的台词，收集具有地方特色的俗语和谚语等，并及时记录在读书笔记本上。

虽然教学改革一直在进行，但实际教学中并没有取得多大的成效，考试答案呈现单一性，学生的思维受到束缚而不能得到放松，对考试分数的追求也束缚了学生的自主性阅读，久而久之，学生不再富有探索和思考精神，繁重的课业负担让学生没有时间去阅读自己真正感兴趣的书籍，所以保护学生的个性阅读显得尤为重要。在课堂上，当有学生提出"《唐雎不辱使命》里唐雎真的能够带着剑去见秦王吗？安陵国是不是因为唐雎的出使就完全保住了呢？""《狼》这一篇课文不是神狐鬼怪故事，却为什么选入《聊斋志异》？"等问题时，教师要马上给予其质疑精神的肯定，但不要马上答疑，而要引导学生自己去书本中寻找满意的回答，这时教师不妨给出一些阅读书目，让他们在阅读之后再来参与讨论，这样一来，学生会带着解疑的动力去主动阅读相关书籍，并且阅读面越广，疑问就越多，越学越想学，越学越容易，从而走上学习的良性循环之路。当然这对教师的综合素质自然提高了要求，要求教师在上课前充分备好课，广泛阅读相关的内容，不能只拿着一本课本就上了讲台，因为"给学生一滴水，教师要有源源不断的水源"！

四、重视赏识的力量，以赞美来激发学生的兴趣

鼓励可以说是每一个人的自然需求，谁能总是受批评、责备而仍然兴致不减、斗志昂扬呢？鼓励能使学生得到肯定，情绪兴奋，因而使其内在的潜力被充分调动起来。所以要使学生爱上学习语文，教师对学生的肯定，对学生的鼓励尤为重要。正如苏霍姆林斯基在《给教师的建议》中所告诫教师们的那样："请记住：成功的欢乐是一种巨大的情绪力量，它可以促进儿童好好学习的愿望。请你注意，无论如何不要使这种内在的力量消失。缺少这种力量，教育上的任何巧妙措施都是无济于事的。"[2]

在教学过程中，教师要使教学活动别开生面、生机盎然，需要对课堂上师生之间在期

望、目标、观点上出现的一些不和谐的音符采取积极、宽容的态度。教师要允许学生存在个性差异，并主动地发现学生的"闪光点"，努力挖掘学生的特点和优点。允许学生说"不"，甚至鼓励他们说"不"，以此激发他们的"灵感"，开发他们的特长和潜能，促使学生的个性自由发展。

例如，有些学生因为某些原因，在小学时就厌学语文，升上初中后成绩低下；有些学生则缺乏学习的热情，成绩徘徊不前。作为教师，要理解学生的心情。即使是成绩较差的学生，也有他们的优势。比如有的字写得漂亮，有的表演天赋很好，有的讲故事特别吸引人，有的朗读很有节奏感等等，教师可积极发现他们的优点，因人而异地在课堂上或在课后适当地表扬他们，并设法给他们提供展示自己"闪光点"的平台和机会，让他们真真实实地感受到成功的喜悦，获得被人肯定的满足。久而久之，他们上课精神就集中了，作业也会按照教师的要求完成了，课外也能多往自己的"闪光点"发展了，于是不知不觉间就欣然地爱上了语文，等他们经过一段时间努力取得一定成绩时，再真心地赞扬他们，这时的他们就会被语文的魅力吸引了去，迈出语文学习成功的第一步。

当代的中学生，因为升学的压力，学习任务繁重，但快乐学习与学习任务繁重并无冲突，只要教师引导学生插上快乐的翅膀，自由翱翔于语文的天地，让学生上起语文课来如醍醐灌顶，如沐春风；让学生在课堂外喜欢文字，喜欢阅读；让快乐的学习最大限度地调动学生的求知欲和自信心，二者就可以相互交融、相互促进了。

参考文献

［1］郭思乐．教育走向生本［M］．北京：人民教育出版社，2001．
［2］苏霍姆林斯基．给教师的建议［M］．杜殿坤，编译．北京：教育科学出版社，1984．

在教学中赏析和应用数学美

陈再敏

摘　要：数学学科本身具有简洁美、比例美、和谐美等特性。数学以美的形象、趣的魅力，吸引着古往今来千千万万追求者。在教学中利用数学美育进行相关的教学，可以提高学生的学习积极性，提高教学效果。

关键词：数学教学　数学美　应用　探析

一、欣赏数学中的各种美

苏霍姆林斯基曾说："没有审美教育就没有任何教育。"众所周知，数学的世界，是一个充满了美的世界：数的美、式的美、形的美……在数学中，我们可以感受到和谐、比例、整体和对称，我们可以感受到布局的合理、结构的严谨、关系的和谐以及形式的简洁。数学有图形的对称美，一个个数字，不但毫不枯燥，而且生机勃勃。①看到"⊥"（垂直线条）可以想起屹立街头的高楼，给我们的是挺拔感；看到"一"（水平线条），可以想起无风的湖面，给我们的是沉静感；看到"～"（曲线线条），可以想起波涛滚滚的河水，给我们的是流动感。几何形体中那些优美的图案更是令人赏心悦目。②三角形的稳定性，平行四边形的不稳定性，圆蕴含的广阔性……都给人以无限想象。运算中的"收网式"变形以及统计图表，则是数与形的完美结合。

（一）赏析代数之美

"每个数学公式，都是一首优美的诗"，圆的周长公式 $C = 2\pi r$ 就是其中的一例。一个传奇的数字 π 把圆周长和半径 r 相连，两者之间有着异常简洁的关系。圆的定义"圆是到定点的距离等于定长的点的集合"。简简单单的一句话，包含着非常丰富的内涵，充分体现了数学概念的高度简洁美。勾股定理：直角三角形两直角边的平方和等于斜边平方。它是人类早期发现并证明的重要数学定理之一，是用代数思想解决几何问题的最重要的工具之一，也是数形结合的纽带之一。欧拉给出的公式：$V - E + F = 2$，堪称"简单美"的典范。著名数论大师赛尔伯格说过，他喜欢数学主要是因为一个公式：$\dfrac{\pi}{4} = 1 - \dfrac{1}{3} + \dfrac{1}{5} - \cdots$，这个公式实在美极了，奇数1、3、5、…这样的组合可以给出 π，对于一个数学家来说，此公式正如一幅美丽图画或风景。我们熟悉的欧拉公式：$e^{i\pi} = -1$，曾获得"最美的数学定理"称号。欧拉建立了在他那个时代，数学中最重要的几个常数之间的绝妙的有趣的联系，包容得如此协调、有序。著名的黄金分割比 $\lambda = \dfrac{\sqrt{5}-1}{2}$，即 $0.61803398\cdots$。在生活中

的应用非常广泛。我们知道的正五边形中，边长与对角线长的比是黄金分割比。数学中有一个很著名的菲波那契数列 $\{a_n\}$，定义如下：$a_1 = 1$，$a_2 = 1$，当 $n \geqslant 3$ 时，$a_n = a_{n-1} + a_{n-2}$，可以证明，当 n 趋向 ∞ 时，$\dfrac{a_n}{a_{n-1}}$ 极限是黄金分割比 $\lambda = \dfrac{\sqrt{5}-1}{2}$。维纳斯的美被所有人所公认，她的身材比也恰恰是黄金分割比。黄金分割比在许多艺术作品和建筑设计中都有广泛的应用。[1]

（二）赏析图之美

在点线面组成的平面图形中，正方形的边长相等，有 4 条对称轴，它是轴对称图形，将图形对折，正好完全重合，充分体现了数学中的对称美。数学中的美就是这样，那么简单朴实。圆是所有图形里最闪亮、最美的一个，因为它的直径有着无数条，就是这无数条直径使圆有了无数条对称轴，直径所在的直线都是圆的对称轴，这无数条直径是使圆变成美丽图形的功劳之一！数学中的图形美不需要改造也不需要加工，因为它们不需要那些华丽的外表，数学中的美只需要认真观察，用眼睛去观察美，也只有在最美的数学中才能观察到。

如下图，圆与其他图形放在一起，给人一种多样统一的和谐对称美：

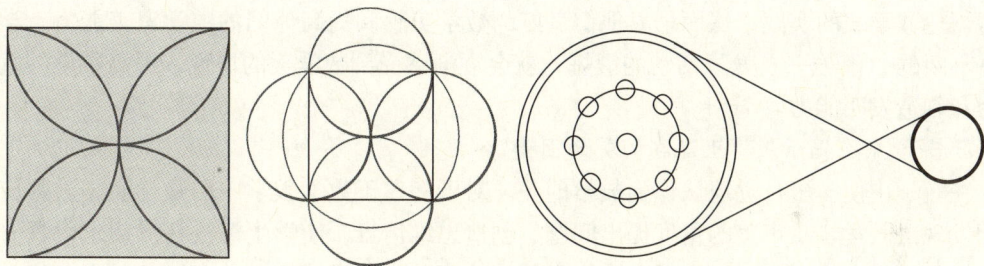

图的和谐对称美

另外，数学中还存在着简洁美、比例美、和谐美，甚至数学本身也存在着题目美、解法美和结论美。数学的美，质朴、深沉，令人赏心悦目；数学的妙，令人拍案叫绝！数学的趣，令人神魂颠倒。数学以美的形象、趣的魅力，吸引着古往今来千千万万追求者。

二、美学在数学教学中的应用

追求数学美是数学发展的动力之一，也是初中学生学数学的动力来源之一。数学本身从形式到内容都充满了美，在教学中如果可以充分挖掘和展示数学的美，使学生在美的环境中愉快学习，就可以提高学生的学习兴趣，进而提高学习成绩。教学中数学美的功能，主要体现在以下五个方面：①数学美能够培养人们创造、发明数学的激情；②数学美能启发人们探求真理的思路；③数学美有检验真理的作用；④寓美于教，能激发学生的学习兴趣；⑤数学美能达到以美启智，提高学生解决问题的能力。

（一）数学美之教育途径初探

在科学美层次上，提高学生的科学素养。科学和艺术一样，都有自己的美学特征，有着陶冶情操、完善思维品质的作用。其中包括：科学发现中的美学感悟，探索科学规律获得的愉悦，科学思维方法的美妙等诸多方面。科学美的发掘，可以通过种种渠道进行，包括视觉上的美，情理之中意料之外的"惊讶美"，证明技巧运用中的"机智美"，解决生活实际问题时的"实用美"，撰写小论文时感受到的"创造美"。在中学数学教学过程中，我们可以从中学数学教材内容的美，如概念之美、证明之美、体系之美、无限之美、平衡之美等方面加以探讨，带领学生进入数学美的乐园，陶冶情操，激发他们的学习兴趣，提高学生的审美能力，培养创造性思维能力。提高学生的审美能力，教师应当作为必要的审美示范，引导学生感知，欣赏数学美。[2]另一方面，"从实践中来，到实践中去"，只有将美的知识应用于实践，审美教育才有意义，学生的审美能力才能得到进一步提高，因此，数学美之教育途径主要有二：一是展示美，二是应用美。

（二）数学美之具体教学教程初探

1. 引导学生的审美意识

恰当地把数学美展示出来，使学生认识到数学美之所在，通过多种活动方式组织学生进行创造数学美的实践，从而培养他们良好的数学美感和提高他们的数学审美能力，学生经过不断的"审美—立美"活动的锻炼，就会逐渐感受到数学美的愉悦，提高数学的直觉能力和创造发明能力。

2. 教学中应揭示教材里潜在的美的因素

在教学中使学生自觉地认识到数学的美。对于潜在于数学教学中的数学美，教师应当采用发现法教学，从审美的角度提出问题、创造思维情景，使学生沉浸在渴望求得具有美学特征的新知识情感之中，通过必需而且精炼的实践去获得感知，并在此基础上，让学生愉快而又顺其自然地发现具有美感的新知识。在这样的过程中，学生的审美直觉能力必然会得到培养和提高。

3. 教学中提供创造数学美的机会

在课堂教学中，若能经常发掘教材中的数学美，能大大提高学生感受美和鉴赏美的能力，逐步使学生达到运用数学中的美学方法去进行美的创造的初步能力。把创造数学美的活动与培养学生创造性思维工作结合起来的教学必然会收到极好的效果。总之，教师在教学过程中充分挖掘数学美进行数学审美设计，通过数学美丰富的内涵，不仅能使学生灵活地学习数学知识和掌握数学技能，而且更为重要的是能为学生提供一种自主、轻松、愉快的学习氛围。这种良好的学习氛围又为学生充分发挥自己的想象力和创造力，并进行数学美的体验和数学美的创造提供了充分的空间。[3]

数学美的表现形式是多种多样的，从数学内容看，有概念之美、公式之美、体系之美等；从数学的方法及思维看，有简约之美、类比之美、抽象之美、无限之美等；从狭义的美学意义上看，有对称之美、和谐之美、奇异之美等。通过对数学美表现的研究，我们可以发现，数学中含有美的因素，数学发展受美育思想的影响。在教学中注重渗透美育教

育，必能极大限度地提高学生的学习热情，推动数学教育的良好开展。

参考文献

［1］张顺燕．数学的美与理（第二版）［M］．北京：北京大学出版社，2012.

［2］李复元．把宣讲数学美融入课堂教学中［J］．科教文汇（上旬刊），2010（3）.

［3］李文林．数学史概论［M］．北京：高等教育出版社，2002.

浅谈初中物理课堂中的创新教学

陈秀丽

摘 要：物理教学必须摒弃过去教学中的弊端，把素质教育理念渗透到课堂教学中，在课堂上营造出和谐融洽的学习气氛，以完成教育教学任务，切实提高教育教学质量，开创新时期的物理教学方法，为学生创造良好的创新氛围，才有可能培养学生的创新意识和创新能力。

关键词：初中物理 课堂教学 创新 探讨

新课程体系在课程功能、结构、内容等方面都比原来的课程有了许多创新和突破。而传统的应试教育中不少教师教学观念陈旧，教学中照本宣科，方法单一，多数是教师讲、学生听，采用"填鸭式"教学，以致学生未能发现问题，更不会提出问题，很大程度上扼杀了学生的创新精神，培养的学生大多缺乏创新意识。实施新课改的关键是创新教育，这就要求教师应从传统的教学模式转变为创新教学模式。在课堂教学中实施创新教育，营造适合创新教育的学习氛围，培养学生的创新意识，训练和开发学生的创新能力。[1]

一、鼓励学生质疑，营造创新氛围

物理教学的最终目的是培养学生的创造性思维能力，所以在培养过程中，学生始终处于主体地位，即教师力求引导学生主动参与教学活动，自主创新、自主发展，教师应定位于"合作者""指导者"的身份，在教学中，鼓励学生勤思多问，大胆质疑，敢于想象，培养学生的创新想象能力。著名教育家陶行知先生说："学问千千万，关键在一问。"培养学生的发问能力，让学生学会提出问题则是培养学生创造性思维的关键一环。所以，在课堂教学中要求学生先预习，然后带着问题走进课堂，并且指导学生如何提问，有时学生提出的一个"好问题"，可构成师生之间的认知冲突，从而形成课堂教学的高潮。例如，通过奥斯特实验，学生知道：通电导体周围存在磁场，即利用电流可以获得磁场。在此基础上有的同学大胆提出设想：那么利用磁场是否可以获得电流呢？学生由此进一步思考和讨论，这时再引导学生探究电磁感应现象，进而得出正确结论。

所以，在课堂教学过程中尽可能地给学生营造一个民主、宽松、和谐的创新氛围，鼓励学生大胆提问，进行批判性质疑。这样，学生的思维被激活，进而刺激学生主动思考、参与探究、体验和感悟科学探究的过程和方法，并在探究过程中学生主动理解知识、建构知识体系，培养学生的创新能力。

二、创设物理情景，培养创新意识

根据教育心理学和创造心理学的理论，物理课堂教学要重视学生的学习主人翁身份，要重视学生的内心体验和主动参与，首先要通过创设与课堂有关的情境，诱发创新动机产生各种疑问，引导学生在亲身体验中探求新知，开发潜能。[2]教师的教学设计要始终渗透对学生创新意识的培养，并且要制定适合于不同层次学生的多层次教学目标，也就是说，所制定的创新教育目标能够使每一个学生都有所创新。在整个课堂教学过程中，教师都要做到以初中学生的角度来审视所遇到的问题，因为有一些在教师看来不起眼的小问题，对于初中学生来说却是一次难得的创新机会。教师要在挖掘教材的基础上，精心创设有利于培养学生创新能力的教学情境，以调动学生积极的学习态度，激发学生的求知欲和创新欲。因此，教师要善于引导学生的创新意识，以使其发展成为对科学真理的追求与探索的动力。

如在"压强"教学中，教师可就液体压强 $p = \rho gh$，固体压强 $p = F/S$ 的物理含义进行挖掘，在习题练习上创设情境：一定质量的水装入不同容器，容器底部受到压强；人站立、行走对地面产生压强；手对图钉帽的压强和图钉尖对墙壁的压强，通过对这些情境问题的辨析，强化对压强这一物理概念本质的理解和掌握。

如在引入"物体的浮沉条件"一课时，针对学生原有的"木块总是上浮的，金属总是下沉的"认识，创设以下提问情境。

教师：将一个木块和一个团成一团的牙膏皮同时放入盛水烧杯中。木块为什么会浮在水面上，而牙膏皮却沉下去了呢？

学生：牙膏皮是锡做的，锡是一种金属。

学生：锡比木块重。

教师：金属总是下沉的，是吗？

学生：是的。

教师演示：将牙膏皮展成空心桶状放在水中，牙膏皮浮于水面。

学生：牙膏皮浮起来了。

教师：是啊！牙膏皮为什么又浮起来了呢？

实验看到的现象与原有的生活常识明显形成尖锐的矛盾，这就打破了学生原有的认识，产生强烈的求知欲望，为进一步探究物体的浮沉条件创设了问题情境，这样有利于培养学生的创新意识。

三、开展实践活动，培养创新能力

物理是以实验为基础的学科，物理概念、规律、定律都建立在大量的实验和实践的基础上。所以，在课堂教学中尽可能增加学生自己探索知识的活动量，给学生一定的自由，充分展示学生这一年龄阶段所特有的好动和表现欲，从而有效地发现学生的个性并发展学生的创新能力。

（一）利用小实验，启发创新能力

利用身边随手可得的物品进行探究活动和各种物理实验，可以拉近物理学与生活的距离，让学生深切地感受到科学的真实性，感受到科学和社会、科学和日常生活之间的关系。这种做法本身就是一种创新。

教师可以因地制宜地设计出多种类型的简单实验，学生的文具随堂就可以做许多不同的实验，例如：

（1）用纸条做有关流体的压强与流速的关系的实验：对着两条自由下垂的纸条中间吹气，两纸条相互靠拢，说明流体在流速大的地方压强小，流速小的地方压强大。

（2）用铅笔芯做有关电学的实验：将铅笔芯接入电路中，闭合开关后，电路中的小灯泡发光，说明铅笔芯是导体。

（3）用直尺做有关电学的实验：将塑料尺在头发上摩擦几下，再将塑料尺靠近纸屑，发现它能吸引纸屑，说明直尺带了电，带电体能够吸引轻小物体。

这些器材对学生来说很熟悉，更有利于使学生明白：物理就在身边，物理与生活联系非常紧密。通过这些课本上没有出现的器材和方法能很好地启发学生的创新能力，充分调动学生的创新意识。

（二）做好探究实验，培养综合能力

物理实验是培养学生能力的主阵地。新教材要求学生学会科学探究，就是模仿科学家的探究方法，探究未知的知识，重点是探究的过程、方法、步骤。因此，做好探究实验在整个物理教学中的地位就显得非常重要。在探究实验中，不仅要让学生学会实验的具体做法，掌握一些基本的实验技能，还要引导学生学会研究物理问题的探究方法，为培养他们的物理创新能力打下良好的基础。

如在探究"凸透镜成像规律"时，在实验前，笔者先让学生用凸透镜观察远处的景物和近处自己的手纹，学生对比观察到的不同实验现象，激发了学生极大的探究兴趣，接着教师展示实验装置，提出探究目的。学生在实验中，教师适时引导学生学会清晰像的确定和虚实像的区别等教学疑难点，学生完成实验后，教师逐步讲解实验，利用图示法和学生一起总结出物距、像距规律。最后，再利用多媒体重新呈现实验现象，这样既丰富学生对物理现象的感性认识，也深化了学生对成像规律的理解。因此，这样不仅激发了学生探究学习的兴趣，而且观察、分析、实验能力也逐步得到了提高。

因此，做好探究实验，既能满足学生的心理需求，使其获得心理上的愉悦，也有利于激发学生学习物理的兴趣，有利于否定思维定式，有利于培养学生的综合能力。教学中不要用演示实验来替代学生探究实验，也不能将学生实验仅仅作为验证规律的手段。

另外，课余为了给学生更多动手操作机会，还可以组织学生开展科技小制作之类的比赛，通过亲身感受，充分发挥学生的动手实践能力，这样既丰富了学生的学习生活，又能让学生把所学知识掌握得更牢固，做到学以致用，培养和发展学生的创新实践能力。

新课标的实施要求教学进行改革，教师必须摒弃过去教学中的弊端，学习新的教育理念，改变教育教学观念，努力把素质教育渗透到课堂教学中，注重学生创新能力的培养。

创新能力的培养是一个系统的过程，在培养学生的过程中，教师必须不断结合学生的实际情况和根据学生的需要改进教法，这样才能真正有利于学生的发展。

参考文献

［1］ 中华人民共和国教育部．义务教育物理课程标准［M］．北京：北京师范大学出版社，2011．

［2］ 赵伟．创设物理课堂情境　培养创新意识［J］．科学大众（科学教育），2011（12）．

在初中化学教学中渗透环境教育的思考

刘东伟

摘　要：现代社会的环境污染问题严重困扰着人类的生存和发展，环境保护已经成为全世界人民的共同心声。作为一个人口大国，培养具备现代环保意识的下一代，是我国实现可持续发展的关键。因此，在初中化学教学中进行切实有效的环保教育是每位初中化学教师肩负的重任。

关键词：初中化学教学　环境教育　渗透　探索

目前，大气污染、臭氧层破坏、全球变暖、灾害性天气、海洋污染、环境公害、有毒化学品和危险品等严重威胁着人类的生存和发展，环境问题现已成为世界性热点，并成为衡量一个国家、一个民族乃至一个人的文明程度的重要标准。保护人类的生存环境已成为人们的共同呼声，保护人类赖以生存的环境是"地球村"每一个"村民"的义务和责任。[1]保护好环境，除了政府正确的决策导向及健全的环保体制，更重要的是唤起全民的环保意识，调动全民参与环保事业的积极性，提高民众的环保科学水平。而化学这一科目在全民环保的教育和宣传上有着重要的作用，为此，寓环境保护教育于化学教学之中是每一位化学教师义不容辞的责任。

一、充分利用教材内容进行环境教育，培养学生的环保意识

人教版初中化学教材中，涉及环保知识的内容不少，适时适当地把这些教学内容与环境教育有机结合起来，有利于培养学生的环保意识。[2]如在教学第二单元的空气、二氧化硫和氮的氧化物，第三单元的水资源，第七单元的煤、石油，第八单元的电解、有关金属的冶炼等内容时，就应及时向学生进行环境教育，强调环境与人类生活的密切关系，使学生明白，为了不让环境污染威胁人类自身的生存，就一定要保护环境。在教学中还可适当补充一些内容，如在学习第三单元课题4保护水资源时，可介绍世界卫生组织的一项调查结果，即全世界80%的疾病是由饮用被污染的水造成的，全世界50%的儿童的死亡是由于饮用被污染的水造成的。再如，结合第二单元二氧化硫和氮的氧化物的回收处理，可以向学生提出一些问题让他们思考："在生产和实验过程中可能产生的硫化氢、二氧化硫、二氧化氮、一氧化氮等废气，为了不使它们扩散到大气中去，你用什么方法将它们分别除去？又怎样利用这些废气制得有用的化工产品？"在组织学生讨论的基础上做归纳总结，使学生掌握消除或减轻环境污染的简单原理。

二、充分利用化学实验，培养学生的环保习惯

化学是一门以实验为基础的学科，在实验教学中，也应重视环境教育。初中化学新课

标中要求学生做的化学实验比较多，其中有些是有毒的实验，而绝大多数学校并没有废水回收装置，所以结合化学实验进行环境教育则显得尤为重要。如指导学生严格按照实验操作程序，正确地闻气体、取药品。虽然所做实验毒性不大，但为了加强学生的环保意识，在没有废水回收流程这一前提下，每次学生实验时都应提供一个回收仪器，对收集的废液稍作处理后再行排放。实验结束后把仪器洗涤干净放回原处，擦洗干净实验台面等，让学生养成良好的习惯，受到直观的环境保护的教育。如做硫在氧气中燃烧的演示实验时，要强调硫的用量并在集气瓶中事先放入少量碱液。改善学生实验的操作规范，培养学生良好的环保习惯。

三、充分利用作业、练习、测验，巩固学生的环保知识

作业、练习、测验是每个学生必须完成的任务。因而可以在不偏离教材和课标要求的前提下，穿插安排除杂质气体、提纯溶液和消除环境污染等方面的思考题和练习题。例如：

1. 目前在西宁市空气质量日报中，各项污染物除可吸入颗粒外，还包括的三种气体是（　）。

A. SO_2、NO_2、O_2　　　　　　　　B. SO_2、NO_2、CO_2

C. SO_2、NO_2、N_2　　　　　　　　D. SO_2、NO_2、CO

2. 人类生存需要清新的空气，下列情况不会造成空气污染的是（　）

A. 煤炭燃烧　　　　　　　　　　B. 燃放烟花

C. 光合作用　　　　　　　　　　D. 汽车尾气

3. "人类只有一个地球！"为了保护环境，下列做法中不恰当的是（　）

A. 回收利用废旧金属，变废为宝。

B. 开发新能源，逐步减少化石燃料的使用。

C. 为减少"白色污染"，集中收集并焚烧废弃塑料。

D. 农业上提倡使用农家肥，合理使用化肥和农药。

4. 不会加剧酸雨、臭氧层空洞、温室效应等环境问题的是（　）

A. 使用太阳能淋浴器　　　　　　B. 燃烧煤

C. 超音速飞机尾气排放　　　　　D. 使用氟利昂做制冷剂

另外，还可以利用课后组织学生做环保调查报告，写环保小论文等。测验中也要尽可能多地安排关于环保的知识点。

四、充分利用课外科技活动，推进学生的环保行动

课堂教学固然是进行环境教育的重要一环，但课外科技活动的形式多种多样、内容丰富多彩，学生感受更深，所以要充分利用课外活动开展环境教育。[3] 比如把环保实验（如考察本地水的污染及其防治）安排在课外活动中进行，让学生通过参观考察和社会调查（如参观造纸厂、水泥厂、化工厂，调查周边的水环境等），搜集材料书写小论文。从而树

立环保意识、推动环保行动。这样，学生既受到了环境教育，又提高了社会实践能力和分析、解决实际问题的能力。既可补充课堂教学时间的不足，又可使学生从接受环境教育阶段上升到动手保护环境的境界。开展环境保护讲座，也是实行环境教育的一种重要形式。比如从学生自身生活考虑，讲解居室污染的来源、危害及防治措施和化妆品污染。让学生感受到自己有时也在不知不觉地破坏环境，进而提高环保意识；还可办专栏、展览和小报，聘请环保部门的专家来校作讲座等多种形式、多种途径扩大环境教育的影响，增强学生的环保意识。通过以上活动，学生会进一步了解环境与发展的关系，认识到环境保护是我国的一项基本国策，了解国家和地方的环保法规和政策，认识到破坏环境是一种不道德行为，是一种违法行为。

五、充分利用环保热点问题，增强学生的环保责任感

通过介绍环保中的热点问题，如"温室效应""酸雨""臭氧层空洞"等，去分析环境污染产生的原因及应采取的相应方法和措施。让学生明白环境污染是可以控制的。从而归纳出环保可采取以下措施：①节约能源，调节能源结构，发展清洁能源，优化能源质量，提高能源利用率；②回收可利用的旧物品，制造对环境友好的材料，如可降解的塑料；③大力植树造林，严禁乱砍滥伐森林等；④加强环境管理，强化环保执法，严格控制"三废"排放，做好"三废"的处理和综合利用。

六、初中化学教学中渗透环境教育实例

（一）微型实验应用实例

微型实验是当前国际化学实验教学改革的重要趋势，其操作技术是用尽可能少的试剂来获得较明显的反应结果和准确的化学信息的一种实验方法。[4]在微型实验中，由于实验过程中反应物和生成物的量都很少，产生的有害物质对环境造成的污染可降到最低程度，而且还可以进行系列实验。微型实验充分体现了绿色化学中的减量原则，即减少药品用量、减少"三废"排放量。因此，组织学生进行微型实验仪器的制作、环保实验、实验的无害化研究等活动，是非常有意义的。改进有污染的实验，可进一步深化学生对环境保护的认识，培养学生实验探究的能力，同时注重培养学生观察细节的能力，下面为初中化学教学中应用微型系列实验的例子。

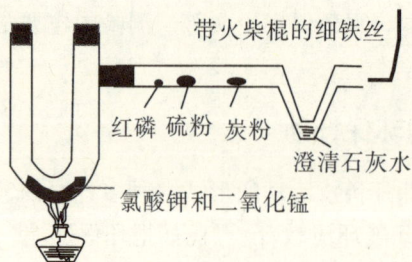

图1　微型实验1

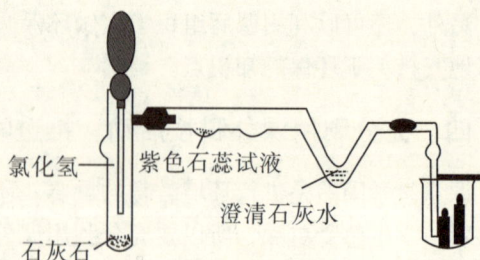

图2　微型实验2

（二）低碳教育

在讲授二氧化碳的性质时，加入以下科普资料：矿物燃料燃烧后，产生二氧化碳、甲烷等，阳光进入地面，二氧化碳对红外线有强烈吸收作用，从而使大气温度上升。它的危害非常深远：近百年地球气候年均升温 0.6℃；夏季降水量减少，台风频繁发生；森林减少，荒漠扩大，昆虫南移；预计到 2100 年全球气温上升 3.5℃，两极冰山融化，海平面上升 15～95cm，中纬度气候带北移 150～550km。因此致使全球变暖的气体也被称为温室气体，所产生的不良效应即温室效应。

借此分析碳排量对环境、气候等的影响，对学生进行低碳教育，使其从小养成低碳生活的良好环保习惯。

总之，在初中化学教学中，注重对学生的环境教育，注重培养学生的环保意识，注重培养学生的环保习惯，注重培养学生的环保责任感，注重鼓励学生的环保行动，使他们认识到自己是环境的主人。环境问题是人类自己引起的，也只有靠人类自身才能解决，正所谓解铃还须系铃人。让全社会都来关注环境问题，学生是未来社会的主体，他们有了环保意识、环保习惯及形成了环保责任感，并积极进行环保行动，这是需要我们持续努力的目标。

参考文献

[1] 魏津丽. 如何在化学教学中培养学生的环保意识 [J]. 学苑教育，2009（5）.

[2] 冯秀霞. 寓环境教育于化学教学之中 [J]. 当代教育科学，2007（11）.

[3] 陈秀萍. 在教学活动中培养学生的环保意识 [J]. 环境教育，2011（7）.

[4] 徐玲，许良，周宏，李增春. 微型化学实验与绿色化学 [J]. 内蒙古民族大学学报，2009（4）.

初中思想品德课渗透美育教育情况的调查分析

林燕苗

摘　要：美育是提高人们文化素养和精神面貌的重要环节，中学生对美的敏感性和接受能力比较弱。初中思想品德课的美育功能显得更加突出和重要，它的美育教育情况直接影响到中学生的美育效果，因此，对初中思想品德课的美育情况进行调查分析，并针对存在的问题采取相应改进措施是有必要的。

关键词：初中思想品德课　美育教育　现状调查　分析

美育，也称"美感"教育，是在对自然、社会和艺术的鉴赏过程中，通过情感活动的体验、判断、选择和创造，培养正确的审美观点，提高对于美的鉴赏能力和创造能力的教育。就本质而言，美育是情感教育，而思想品德课是关于人们世界观、人生观、价值观的教育，是颂扬真善美、贬斥假恶丑的教育，即以美为中心的教育。[1] 因此，在教育中贯穿美育是思想政治教育成功的基础和保障。中学生正处于长身体、长知识的时期，他们求知欲旺盛，可塑性强，对美的敏感性和接受能力比较强。在思想品德课堂教学中渗透美育教育，以美启真，引导学生追求真理；以美引善，引导学生学会做人；以美怡情，对学生进行情感培养。因此，对初中思想品德课的美育教育情况进行调查分析是很有必要的。

一、初中思想品德课美育的现状

2012 年 5 月，结合学校美育课题的开展，围绕在初中思想品德课中渗透美育的主题，针对"美的标准""思想品德课的美育内容""个人与集体的关系""公共道德和法律规范的遵守"等问题对学校三个年级的学生进行了问卷调查，调查结果整理分析如下。

一个人美不美，最重要的标准是

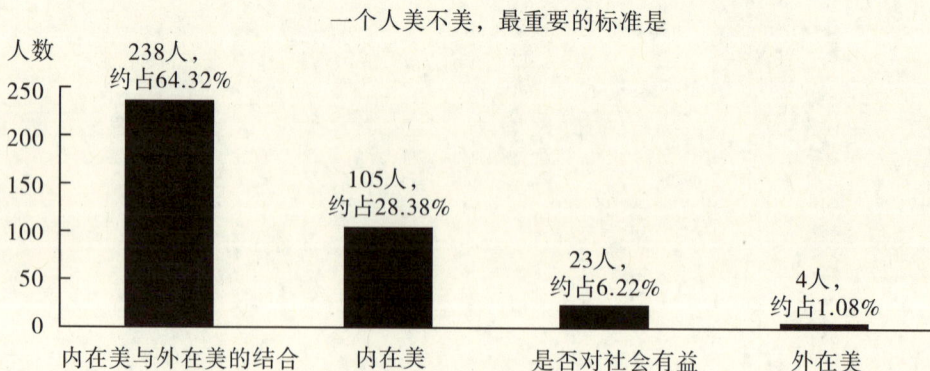

图1　美的标准

人数

400

300

316人，
约占85.40%

200

100

28人，
约占7.57%

26人，
约占7.03%

0

为国家利益、
集体利益不惜
牺牲个人利益

照顾身边集体
的利益，与自
己无关的集体
不用理它

个人利益在
先，而后再考
虑国家利益与
集体利益

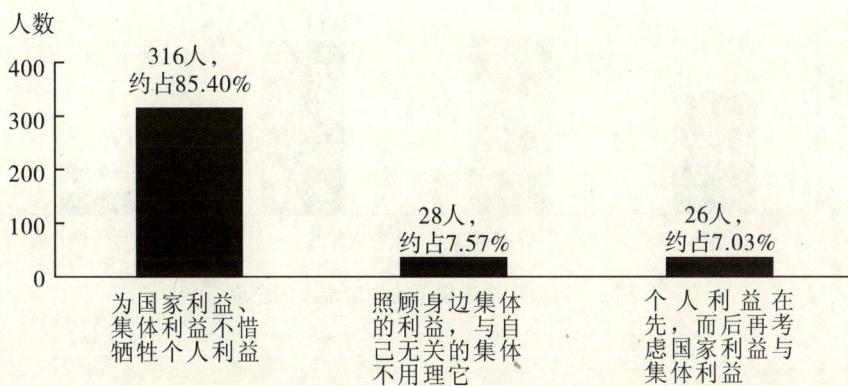

图2　个人与国家、集体利益发生矛盾时的态度

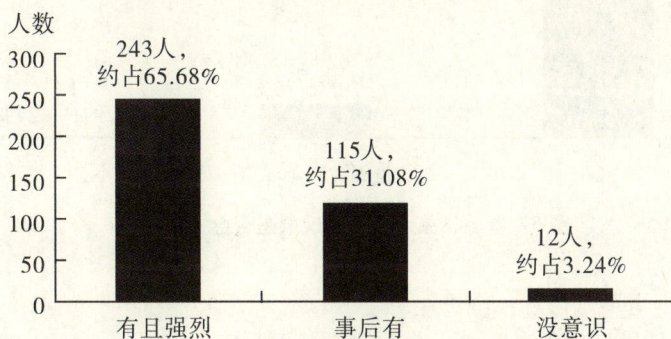

人数

300

243人，
约占65.68%

250

200

150

115人，
约占31.08%

100

50

12人，
约占3.24%

0

有且强烈

事后有

没意识

图3　违背道德准则是否有负罪感

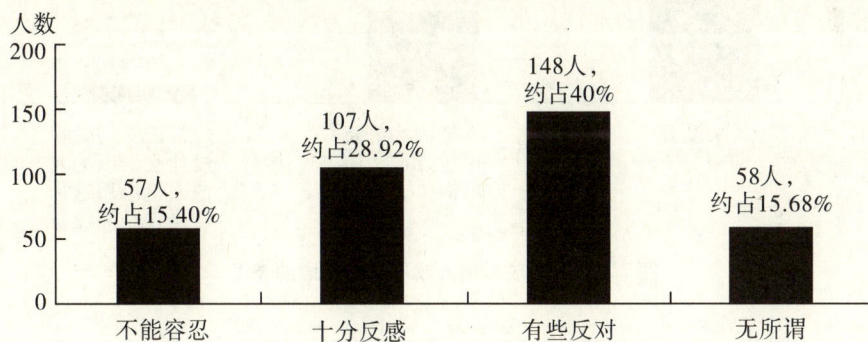

人数

200

148人，
约占40%

150

107人，
约占28.92%

100

57人，
约占15.40%

58人，
约占15.68%

50

0

不能容忍

十分反感

有些反对

无所谓

图4　对教室里大声喧哗或打闹现象的态度

人数

150 ┤

92人，
约占24.87%

133人，
约占35.95%

128人，
约占34.59%

17人，
约占4.59%

不能容忍　　　十分反感　　　有些反对　　　无所谓

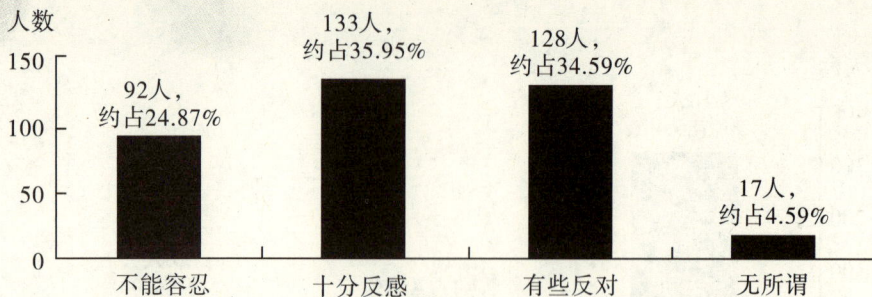

图 5　对教室里遗留下的生活垃圾的态度

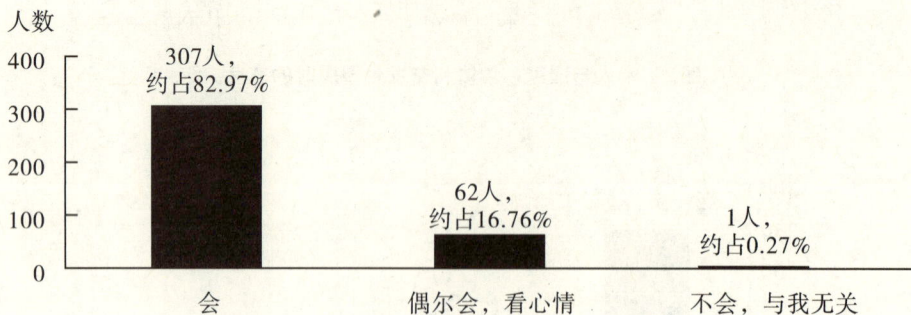

人数

307人，
约占82.97%

62人，
约占16.76%

1人，
约占0.27%

会　　　偶尔会，看心情　　　不会，与我无关

图 6　看到不关水龙头的现象是否会上前关好

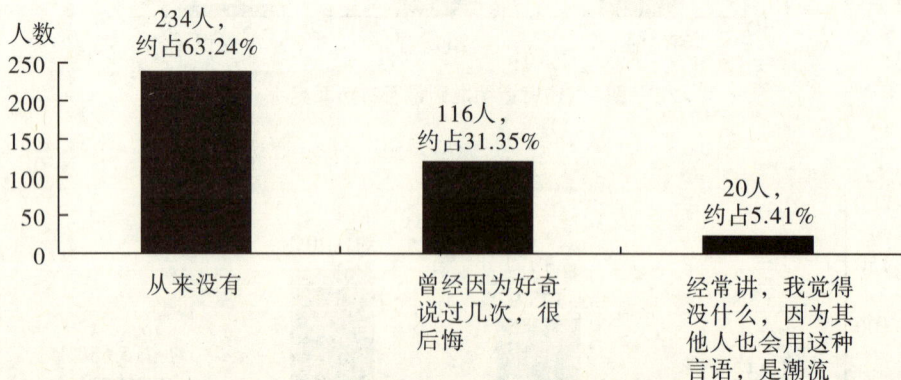

人数

234人，
约占63.24%

116人，
约占31.35%

20人，
约占5.41%

从来没有　　　曾经因为好奇
说过几次，很
后悔　　　经常讲，我觉得
没什么，因为其
他人也会用这种
言语，是潮流

图 7　对网上攻击他人或不文明言语的态度

人数

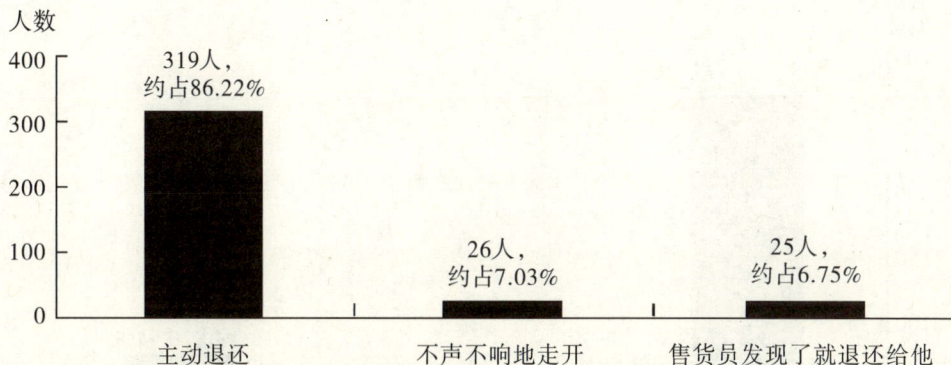

图 8　对购物时售货员多找了钱的态度

319人，约占86.22%（主动退还）　26人，约占7.03%（不声不响地走开）　25人，约占6.75%（售货员发现了就退还给他）

从上述调查数据可以看出，大多受访者对美的认识还是比较模糊，但是在具体的行为判断上又能对生活中的美丑行为做出理性的判断。有64.32%的初中生认为一个人美不美，最重要的标准是内在美与外在美的结合。而在要求文字表述对美的认识的简答题中，只有30%的受访者能比较清晰阐述对美的基本认识，而这种认识也仅限于上述问题答案，但在要求对生活中美丑行为的判断中，大多受访者又有自己理性的、准确的判断和选择。有85.40%的初中生会在当国家利益、集体利益和个人利益发生矛盾时，选择为国家利益、集体利益不惜牺牲个人利益，仅有7.03%的初中生选择个人利益为先。有65.68%的初中生在做违背道德准则的事时，会有强烈的负罪感、会自我谴责。有84.33%的初中生反感和反对自习时在教室里大声喧哗或打闹。有95.4%的初中生看到教室留下的生活垃圾（包括食品包装和用过的卫生纸等）会十分反感并反对上述行为。有82.97%的初中生看到不关水龙头的现象会立即上前关好。有63.24%的初中生从来没有在上网时发表过攻击他人或不文明的言语，仅有5.41%的受访者经常讲，或觉得不以为然。有86.22%的初中生在买东西时遇到售货员多找了钱会主动退还。

通过调查，发现大多数受访者对思想品德课中美育因素的认识仍不够（见下图）。虽然素质教育已经实施多年，但是，直至目前，在许多方面，素质教育也只是摆设而已。在教学中，应试教育把思想品德当作工具，这种功利性的目的，迫使教师有意地淡化了思想品德教材中美育功能的因素。在升学的重压下，教师更注重基础知识的讲授和解题方法的训练，容易忽略思想品德课中美育因素的运用和挖掘。同时，由于课堂教学形式的单一，也容易使学生失去学习思想品德课的兴趣，所以背负繁重课业负担的学生对思想品德课中美育因素也就熟视无睹了。调查结果显示，有74.87%的初中生认为思想品德课中有关于美的内容，仍有25.13%的学生不太了解甚至认为没有相关的内容。有14.06%的受访者甚至认为学习思想品德课只是为了获得好成绩。

人数

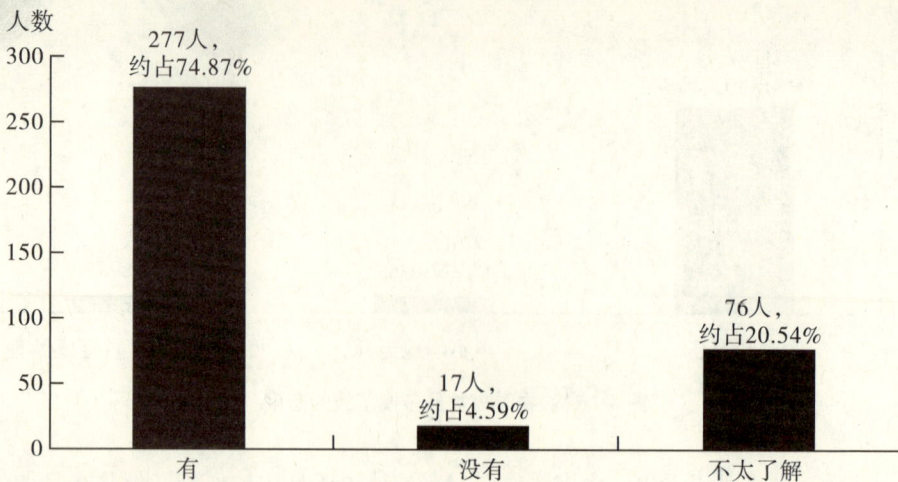

图9　在思想品德课中是否发现美的内容

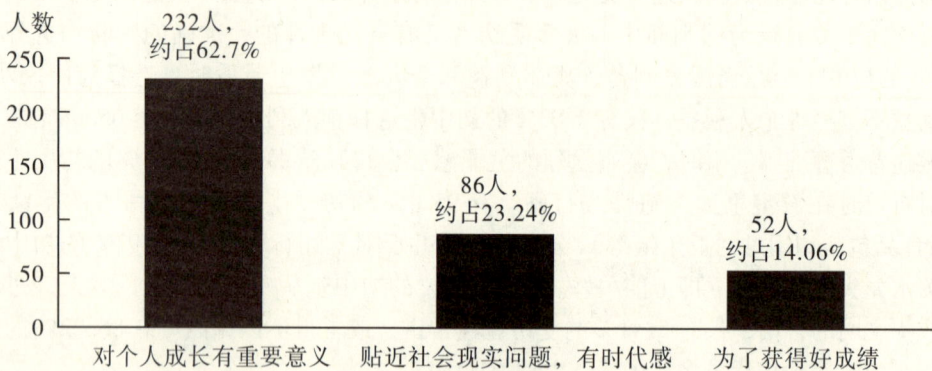

人数

图10　有同学喜欢上思想品德课的主要原因

二、对初中思想品德课美育中存在的问题进行分析

多年来，我们的教育存在重知识、轻情感、重智商、轻美育的倾向，在初中思想品德教学中则表现为重视双基而忽视情感价值观的培养。究其原因，主要有：

（一）学生的评价机制单一

即使在实施素质教育成为共识的今天，由于种种原因，在现实中仍然摆脱不了应试教育的枷锁。教育者依然主要是以成绩来看待学生的优劣，以此迫使教师狠抓教学成绩。作为中考备考科目，思想品德课的课堂教学也逃脱不了成为基础知识的强化、解题能力的培养的主阵地。如此一来，教师与学生都全身心投入每分必争的应试怪圈中，而忽略了美育的作用，致使有些学生的思想品德课成绩虽不错但形象不佳、行为习惯不良，而教师也陷入迷惑，质疑教育的终极目的。

（二）教材的改革滞后

在日新月异的信息时代，教材的与时俱进显得尤为重要。因为教材是教师教育学生的主要载体，如果教材中的理论知识以及引用的事例远离生活、远离学生的认知能力范畴，就不能吸引学生、说服学生，那么教育的效果就会大打折扣。就现在初中三个年级的思想品德教材来看，初一和初二教材的改革幅度较大，内容主要是更加贴近学生生活的心理现象和道德教育，选择的图片、拓展理解资料更加与时俱进。但初三的内容侧重国情教育，受限于学生自身的理论认识水平，教师在教学过程中侧重于知识目标的完成，因而容易忽略对教材中美育因子的挖掘和感知。

（三）教师的人格魅力和业务水平参差不齐

面对枯燥的理论知识，如果没有灵活有效的课堂教学方法，那么思想品德课容易沦为说教课而失去学生的关注和喜爱。俗话说，亲其师而信其道。要想在思想品德课中渗透美育教育，就要提高教师的自身修养，教师的人格魅力就是对学生最好的美的向导和教育。

三、初中思想品德课美育的对策与建议

美育是提高人们文化素养和精神面貌的重要环节，它应贯穿在课堂教学的全过程之中。将美育有机地渗透于思想品德课教学之中，充分发挥美育的"以美启真，以美引善，以美怡情"的功能，是思想品德课教学变革传统教学方法、优化教学手段、有效提高教学效果的重要措施。

（一）走进教材，挖掘并强化教材中美育的因素

苏联教育家苏霍姆林斯基十分重视环境育人，他讲的"学校的墙壁也说话"，体现了无声之教。一张名人画像会砥砺学生的志向，一句哲理名言能使学生敛容沉思，美丽的风景画可激起学生对大自然的向往和对祖国的热爱，这些都能在精神、品德、情操上起到陶冶和感染作用。而作为具有丰富情感、人文内涵的思想品德课程，特别是结合初中思想品德教材中包含的心理、道德、国情内容，对人的精神领域的影响更是深广的，对学生心灵的震撼也是极其深远的。所以我们在教学中重视思想品德课对学生情感价值观的培养，加深、加强人文性、情感性的熏陶和感染，充分发挥教师的主观能动性，重视调动自己情绪的感染力，给知识、信息附加情感色彩，要尽量做到使学生有亲切感、享受感，使课堂气氛轻松、和谐、愉快，达到情感交融。

现行的初中思想品德课的教材主要由"探究园""学海导航""实践与评价"和"阅读与感悟"四个板块构成。尤其是"阅读与感悟"板块，选取与学习内容相关的，富有哲理性、知识性的散文。[2]这些短文能使学生深化和拓展对所学课题的认识，能丰富学生的思想情感，提升学生的人生境界。教师在教学过程中，要尽量发掘教材中原有的美育因素，将其展现在学生面前，这样有利于学生在愉快的气氛中掌握书本知识。如在七年级思想品德上册教材第二课"认识新伙伴"的教学中，引导学生了解在面对新朋友时，应克服闭锁心理，并掌握一定的交友技巧后，指导学生阅读短文《开启陌生人心扉的金钥匙》，

感悟受欢迎的人格特征，提升认识、明确努力方向。[3]再如，在学习七年级思想品德上册教材第六课"珍惜青春"时，指导学生诵读短文《为青春喝彩》，畅谈感受，从而导入本课主题，从中也让学生直观领悟到对于青春应有的态度。[4]

（二）改进教法，提高并发挥教师的教育魅力

初中思想品德教材中的有些内容，如概念、原理等，比较抽象又远离学生的生活实际和认知能力，其中有些缺乏明显的美育因素或缺乏相关材料，学生理解起来相当困难，更别提从中得到情感教育。因此，教师在教学过程中一定要改进教法，一方面能提高并发挥教师的教育魅力，另一方面能促进学生对抽象理论的理解并从中得到情感教育。

首先，教师应与时俱进，转变教学理念。在应试的重压下坚持最大限度地实施素质教育。坚持以学生为本实施课堂教学。在必要的双基知识和能力的传授下，加强思想品德课中显性和潜在的美育因素的运用和挖掘，并且渗透在日常的课堂教学中。

其次，教师应加强业务学习，拓宽学识，探索灵活而有效的课堂教学方式，比如参与体验式教学、问题情境式教学、自主探究式教学等，使枯燥的思想品德课生动起来，从而激发学生的学习兴趣。如在八年级思想品德下册教材第六课"我们的人身权利"的教学中，注重法律事例的引用和分析，创设问题情境要求学生进行角色扮演和合作讨论，教师侧重归纳点拨。[5]通过这种生生互动和师生互动的形式，使学生直观领悟抽象的法律知识和培养初步的法律意识。再如在九年级思想品德课第一课"社会主义初级阶段"的教学中，由于学生对国情缺乏理性认识，教师应从感性认识入手，借助补充资料，丰富课本内容，让学生在一定的例子、数据等基础上去认识我国当前的基本国情。[6]

最后，教师应不断提高自身人格修养，从外在的言行举止到内在的品格养成，发挥人格魅力，让学生得到最好的感染和教育。教师是作为一个人的综合整体，作为一个审美客体展示在学生面前，存在于学生心目当中。教师的仪表风度直接体现在课堂教学中，作用于学生的心灵，影响着教育效果。教学语言是教师教书育人的载体。教学语言美，既是对学生进行智育和德育的需要，又是实施美育所必需的。优美的教学语言，是对学生进行审美教育的重要内容、基本途径和手段。教师的道德品质外化在细微的待人接物的举动上，尤其体现在对待学生的态度上，因此作为教师时刻要记住"己立立人，己达达人"。只有具有良好道德风尚的教师，才能教育出具有美好品德和情操的学生。

（三）考评结合，提高并发挥学生的学习能动性

既然唯成绩论成为学生功利性学习的动因，而学生功利性学习也带来了种种的弊端，那么我们就有充分的理由期待并坚持完善对学生的评价机制。教育的终极目的不应该是培养考试的机器，不应该是培养高分低能的学子。教育的终极目的应该是培养会学习、会生活的有健全人格的人。[7]而在思想品德课中渗透美育正是希望通过常规的课堂教学，通过对思想品德课中美育因素的运用和发挥引导学生追求真理、学会做人、培养情感。因此，必须改革、完善评价学生的机制，如采用考评结合的方式，教师结合对学生日常行为的了解给予评价，纳入学科成绩，促使学生在提高学习能力的同时重视自身的素质培养。[8]

美育是一个复杂的统一体，它包含着多种多样的因素。在初中思想品德课教学中进行

美育教育，有其必要性、重要性和可行性，我们应选准切入点，努力培养学生的审美感知能力、欣赏美的能力和创造美的能力，塑造学生健全的人格。

参考文献

[1]［7］［8］中华人民共和国教育部．义务教育思想品德课程标准［M］．北京：北京师范大学出版社，2011.

［2］［3］［4］广东省教学教材研究室，广东省出版集团课程教材研究中心．义务教育课程标准实验教科书思想品德七年级上册（粤教版）［M］．广州：广东教育出版社，2003.

［5］广东省教学教材研究室，广东省出版集团课程教材研究中心．义务教育课程标准实验教科书思想品德八年级上册（粤教版）［M］．广州：广东教育出版社，2004.

［6］广东省教学教材研究室，广东省出版集团课程教材研究中心．义务教育课程标准实验教科书思想品德九年级全一册（粤教版）［M］．广州：广东教育出版社，2005.

让学生真正成为体育学习的主人

——对构建学生体育学习主体地位的探索

陈礼梅

摘　要：新课标强调让学生学会学习、学会合作，应突出学生的自主性，重视学生主动积极的参与精神，在教学中尊重学生，凸显学生的主体地位。而目前初中体育教学中学生态度比较散漫的现象普遍存在。在大力倡导"全民体育"的背景下，提高学生的自主学习能力非常重要。

关键词：初中学生　体育教学　主体地位　构建

传统的体育教育观念主要是教师讲解示范、学生模仿，往往只注重传授知识和技能，不注重发挥学生的主体作用。这样的体育教育观念在某种程度上挫败了学生对教学的信心与兴趣，限制了学生个性、主体意识的发展。随着时代的发展，我国教育改革的不断深入，体育教学应顺势而为，变学生的被动学习为主动学习。学校的职能就是培养学生在和谐的环境下自主学习，进而提升自己的能力和挖掘潜质。因此在"全民体育"的大力倡导下，主张主体教学，增强学生自主学习意识显得尤为重要。那么，怎样提升学生的主体地位呢？如何把学生从传统教育的牢笼中解放出来呢？

一、提高自身素质和业务水平

（一）具有高尚的思想品德

教师是学生学习和模仿的榜样，教师的敬业精神、责任感，甚至言谈举止都将对学生良好品德的培养起到潜移默化的作用。

（二）从专业文化知识和技能抓起，做到"一专多能"

体育教师优美、潇洒的动作示范，清晰、简练的语言指导，丰富多变的教学方法，都会引起学生的新鲜感和好奇心，刺激学生的求知欲，专业知识积累越多，知识面越广，上课能融会贯通，也就讲得越深越透彻，效果越好。体育教师除了应具备广博的体育专业知识和熟练扎实的基本技能，还应掌握相邻学科的基本理论知识，就是要做到"一专多能"。例如，实心球投掷的角度既是力学的体现，也包含了身体的活动范围与人体解剖的关系等。

（三）培养反思意识

任何一位教师，哪怕是一位高明的教师，在其执教过程中也不可能做到尽善尽美。审

视和分析自己的教学行为、教学决策和教学结果，可以有效地纠正教学观念、教学行为上的偏差，形成自己对教学现象、教学问题的独立思考和创造性见解，提高自我觉察水平和教学监控能力。

二、采用灵活的教学方法

教育家陶行知说过："先生的责任不在教，而在教学生学。教的法子必须根据学的法子。"因此笔者认为，教师应思考学生如何学，课堂教学应注重怎样促进学生的学习与发展，即"带着学生走向知识"。也就是说：授人以鱼，不如授人以渔。教会学生学习的方法，才是让学生成为课堂主体的真正解决之道，让学生由"要我学""我要学"变成"我会学""轻松学"。

（一）激发学生学习的兴趣

教学虽说以学生为主体，但某一项具体运动技能的发展与形成，都离不开基本的身体素质的练习，如身体的协调性、柔韧性、力量性等。[1]这些素质的培养与提高过程都脱离不了一些枯燥、重复、艰辛的训练。因此体育教师要激发学生学习的兴趣，有了兴趣学生才能发挥学习的主动性与积极性，教师才能把这些基础知识、基本技能与技术融合在学生喜爱的项目中，让学生在不知不觉中学习和掌握。[2]初中学生活泼好动，当他们对某项体育运动感兴趣时，他们学习激情高涨，想学想练的东西你挡也挡不住。例如，很多学生喜欢篮球、快速跑等带有娱乐性、刺激性的体育运动，而不喜欢较枯燥的武术、耐力跑等运动。如果你在练习篮球行进间传球、足球运球时，练习耐力跑项目，这样，学生不仅不会反感，还可能乐此不疲，也可以有效体现学生的主体作用。

（二）恰当运用成功激励法

成功激励是激发和强化学生学习热情的有效方法，当学生在学习上取得成功，心理上得到满足时，就会产生一种再次获得成功、再次体验心理满足的需要。教师要设法让学生不断获得学习上的成功，体验到这种成功的喜悦。例如，当学生主动完成一个动作或做出一个意想不到的动作时，要适时地给予鼓励，这会增强他完成或创新动作的信心。

三、采用多样化的教学形式

在体育教学中，教学形式要灵活多样，现代课堂教学是师生共同探讨问题的场所，小组合作练习、个人自觉练习、师生相互磋商等。让学生成为课堂教学的主体，最大的特点是让学生自主和互动。自主合作是实现这一特点的有效途径，通过学生自主合作和相互间的交往互动，达到共同提高的目的。其中分小组合作学习是一种普遍的形式，在教学中笔者经常采用并取得一定效果。小组合作可以分为自由组合和指定小组两种形式。

（一）自由组合

体育课堂教学中的组织工作非常重要，但是，为了学生的积极发展，我们在教学组织中不仅不能过于束缚和压制学生，而且还要让学生成为组织的主人，这样学生自我锻炼的能力才能得到提高，终身体育意识才能得到培养。因此，在体育课堂教学中，根据学生的组织能力，逐步培养学生对学习的组织能力和控制能力。例如，在跳高教学中，让学生6～10人一组，自主组合成小组进行学习，学生会在学习过程中轮流进行练习，并相互保护与帮助，教师应该在技术指导的同时，给予一定的组织指导，并在评价小结中安排一定的对学习组织的评价内容，对组织好的小组予以表扬。

（二）指定小组

在教学活动中，笔者主要是根据教学活动中内容和达标要求的不同来进行小组配对编组的，尽量让小组成员之间能力互补。例如，在实心球投掷动作的教学中，教师提供动作图解，指定学生组成学习小组合作学习。那么同一组内的学生有的对动作理解能力强，有的动作表现规范，还有的善于组织工作，他们可以发挥各自的特长，实现优势互补，从而达到共同掌握投掷动作的目的。在这一过程中学生的学习是自主性学习，更是互动性学习，同时也培养学生团结合作的精神。

当然，除了上述内容之外，体育教学还可以打开封闭的教学大门，突破狭小的教学空间，在条件允许的情况下，让学生走向娱乐场、多媒体教室，走向社区、农村、大自然。要大力开发体育教育资源，使体育教学活动丰富多彩。

四、采用现代化的教学手段

面对飞速发展的社会，体育正在适应新时代的发展需要，多媒体应用在体育教学过程中打破了一些传统的教学方式。[3]

（一）多媒体教学在体育教学中的作用

采用现代化的教学手段能使教学内容由平面到立体，由静止到运动，由文字到音像，从根本上解决了人为示范的动作一晃而过，学生印象不深的弊端，也解决了错误动作"有法说、无法做"的问题，不但能提高动作示范的准确性，而且也提高了动作的完整性和连续性，增强了课堂的主动性和趣味性，调动了学生的学习热情，提高了学习效率。

（二）体育教学中如何运用多媒体教学

多媒体教学在体育教学中的类型可以分为幻灯片、电视录像和动作录像，这些可以培养学生主动获取知识、运用知识和处理知识的能力。[4]例如，在200米跑教学之前，可以让学生到多媒体教室观看博尔特比赛的录像，同时通过幻灯片让他们学习200米跑的相关知识，再听教师讲解，这样既调动了学生学习的热情，又激发了学习的积极性，提高了教学质量。

通过这几年的教学实践，学生主动学习的意识增强了，求知欲、参与体育学习的能力得到不同程度的提高。学生学会参与、学会学习，并能进行自我评价、自我完善，认识到自己是学习的主人。

参考文献

［1］赵艳飞．构建学生体育学习主体地位的研究［J］．中小学教育，2011（12）．

［2］易明辉．关于构建学生体育学习主体地位的研究［J］．体育世界（学术版），2010（8）．

［3］李云，金琼，祝良，张宇．现代信息技术在体育教学中应用的探索［J］．山东体育科技，2011（1）．

［4］张博．多媒体在体育教学中的运用［J］．考试周刊，2014（26）．

高扬想象的风帆，开拓最美的意境

——中学生诗歌教学意境探讨

刘 佳

摘 要：诗歌教学是中学语文教学的重要组成部分，其目的是激发学生的灵性，培养学生的想象力，提升学生的审美能力和创作能力。诗歌意境是诗歌的灵魂，也是语文诗歌教学挖掘的重点。

关键词：诗歌教学 诗歌意境 挖掘 探讨

谈到诗歌，无论是中国博大精深的古典诗歌的艺术精髓，还是处于探寻摸索道路中的现代诗歌创作的样式，抑或是西方象征诗歌、浪漫诗歌、现代诗歌、古典诗歌，都需要谈到"诗歌想象"这个话题。可以说，诗歌作为一种艺术，想象就是其中最重要的元素。

英国诗人华兹华斯说过："诗是强烈感情的富于想象力的表达方式。"[1]《义务教育语文课程标准》里也明确提出："在发展语言能力的同时，发展思维能力，激发想象力和创造潜能。"我们可以采用各种各样的形式来激发学生的灵性，培养学生的想象力，让想象在诗歌教学中神采飞扬。

一、创设情境，浮想联翩

如果说，诗歌是一座美丽的桥梁，等待学生们去欣赏，那么，教师在课堂上就要引导他们过桥。情境教学法就是很好的引导模式。[2] 所谓情境教学法就是指在教学过程中，教师有目的地引入或创设具有一定情绪色彩的、以形象为主体的生动具体的场景，以引起学生一定的态度体验，从而帮助学生理解教材，并使学生的心理机能得到发展的教学方法。在诗歌教学中应巧妙运用电教媒体，化静为动，变无声为有声，通过绚丽的画面、鲜艳的色彩、悦耳的音乐，使学生情动于衷、浮想联翩，为学生创设优美的诗境，激发学生的想象力。例如，在教《雨说》这首诗歌时，教师可设计一个环节——听听我的足音。在导入新课时，先通过多媒体播放各种雨的录音，并让学生静下心来边聆听雨声边欣赏有关"雨"的图片，再让学生们说一说雨声唤起了他们怎样的心绪和感受，每个季节的雨各有什么特点。在这个环节中，创设了"雨"的情境，极大地调动了学生的各种感官，引导学生想象各个季节的雨，在这种氛围下，进入新课"雨说"便一切都水到渠成。

二、指导朗读，情感共鸣

诗的情感、诗的语境、诗的意象无一不是读出来的。有感情地朗读对激活整个大脑系统，发展思维能力具有重要的作用。在诗歌教学中，教师如果能针对文本资料指导学生朗读，让学生通过朗读理解诗人的细腻情感，那样的话，想象必会"似有源头活水来"。

例如，在指导学生朗读《木兰诗》时，可以告诉学生，诗歌的节奏感较强，这些节奏往往是诗人心境的体现：明快的节奏，往往表现作者轻松的心情；急促的节奏往往表现作者昂扬的情绪；低沉的节奏，则大都表现为悲哀的情调。那么对第一段"唧唧复唧唧，木兰当户织。不闻机杼声，惟闻女叹息"是如何理解的？木兰心境如何？该用什么语气读？学生都能从"叹息"这个词语中理解到木兰的愁，教师便可指导学生用低沉的语气来读；同是《木兰诗》，"爷娘闻女来，出郭相扶将；阿姊闻妹来，当户理红妆；小弟闻姊来，磨刀霍霍向猪羊"整个韵律是比较欢快愉悦的，教师可指导学生用轻快的语调来读。通过反复地、有感情地朗读后，再让学生说说在他们的面前呈现出一幅什么样的画面呢。当学生谈到木兰坐在织布机前不织布，却在叹息流泪，木兰匆匆忙忙地跑到集市上备办戎装等情景时，其实就是学生在朗读中打开了想象的闸门，学生通过不同节奏的朗读，仿佛与木兰进行穿越时空的情感共鸣。

三、图文并茂，飞扬神思

"诗中有画，画中有诗"，诗歌的插图在古诗教学中的作用也越来越重要，教师往往为了能够将诗和画得到有机统一而精心设计教学环节。教师若能对诗歌的插图进行精心的指导和启发，就等于找到了一把打开想象大门的金钥匙。例如，在赏析《天净沙·秋思》时，教师可先出示课文插图，让学生找出图中的景物。这比较容易，学生的积极性很高：藤、树、乌鸦……接着择其要，把与诗中相关的事物按顺序板书：

藤　树　鸦
桥　水　家
道　风　马
夕阳
人

再进一步要求学生根据诗歌内容谈谈这些景物的特点是怎样的？并让学生为这幅画拟一个名字。学生在畅谈的同时教师把板书补充完整：

（枯）藤　（老）树　（昏）鸦
（小）桥　（流）水　（人）家
（古）道　（西）风　（瘦）马　　　　天涯游子图
夕阳（西下）
（断肠）人（在天涯）

然后请学生尝试用语言来描摹所见到的诗意画面，把这首诗歌改写成生动具体的散文。最后，将学生的优秀习作交流，大家一起欣赏，共同点评。学生在想象的过程中，不仅锻炼了观察力和语言表达能力，还使他们通过自己的想象，融入诗歌的意境之中，感受到诗人肝肠寸断、悲哀痛苦的心情。

四、情节扩充，再现情景

诗歌内容的高度凝练和大跨度的跳跃，给我们留下了大量的艺术空白，也留下了无限广阔的想象空间。因此，教师应设法让学生通过丰富的想象再现含蓄的内容，扩充跳跃的情节，用他们的想象去演绎诗人的情感和体现诗歌表述的社会生活。这样不仅能让学生完整地欣赏诗歌，而且丰富了学生的想象力。例如，《石壕吏》这首叙事诗，它的主体部分是老妇人的诉说，对差役只有"吏呼一何怒"一句描写。如果不仔细品味老妇人的诉说，就体会不出差役的形象。[3] 为此，教师先引导学生分析老妇人诉说的内容，明白老妇人诉说了三层意思之后，然后启发学生："老妇人诉说这些内容共用了十三句话，这些话是不是一口气说完的？"学生讨论后的结果是：老妇人说了三层意思，说明差役有三次逼问，不可能一口气说那么多话。教师便顺水推舟，引导学生思考："那根据老妇人的答话，你想象得出当时的对话情景是怎样的吗？让我们一起来设计对白吧！"这时，课堂气氛活跃了，学生们挥动想象的翅膀，这个说一句，那个补一句，把老妇人的诉说还原成了差役逼问与老妇人回答的有声有色的对话过程。最后，把对话整理后，将这首叙事诗演化成课本剧。学生不仅进入诗歌特定的情境中，同时，穷凶极恶、一直逼得老妇人自己服役才肯罢休的差役形象也呈现在学生脑海中。

五、鼓励创作，发挥想象

俗话说"授人以鱼，不如授之以渔"，在诗歌教学中，学习古人的写作手法对古诗进行自主创作，学生自然会慢慢感受到诗歌所拥有的无穷魅力，真正认识到诗歌传情达意的价值，从而发挥想象力。为了合理地引导，可将自主创作分成以下四个步骤：认识—初写—交流—评析。

例如，在教《水调歌头·明月几时有》这首词时，教师可跟学生讲：在我国古代诗歌中，咏月诗就如天上繁星一样数不胜数，许多诗人把月亮作为寄托情感之物，对月亮的圆缺，发挥自己极大的想象，借月表达思乡之情、爱恋之情、喜爱之情……总之，用月亮烘托情思是常用的笔法。接着，师生交流有关月亮的古诗，并将其主题进行分类。然后，鼓励学生，只要怀有一颗细腻的心，大胆想象，锤炼语言，也可以创作出优美的诗歌来。同时可以引导学生尝试创作有关月亮的诗歌，并在班级展示，给予鼓励与指导，这样，学生学习古诗的热情会进一步被激发，想象力也能凭借古诗在自由的天空中飞翔。所以点评时，笔者采取的方法是多肯定他们的创作，即使存在不足，也是委婉地指出，不挫伤学生的创作积极性。

初中生正处于敏感多思、多愁善感的诗般年华，他们的生活应该是充满诗意的。所以，作为语文教师，在诗歌教学中，我们应做一位慧眼识金的矿工，去开发想象；应做一位法力无边的魔法师，去升华想象，让诗歌教学青春常驻，让学生能高扬想象的风帆，扩展思维去开拓最美的意境。

参考文献

［1］曾方荣．诗歌教学中学生想象能力的激发［J］．阅读与写作，2005（12）．

［2］陈秀梅．诗歌教学中学生想象力的培养［J］．中学课程辅导·教学研究，2009（7）．

［3］程连涛．把学生引入想象世界［N］．语文报·初中教师版，2007 – 10 – 20．

浅谈初中数学教学中预知性的作用

陈 苗

摘 要：数学是一门对严密性、逻辑性、科学性要求很高的学科，初中数学的特点是理论性较强，概念、公式、法则等本身较为抽象，学生充分掌握知识难度较大，往往也让教师的课堂教学留下遗憾。本文则从预知错点、化理论为简单操作过程、借助教学反思、联系生活实例等方面来论述如何提高教学质量，减少教学遗憾。

关键词：数学教学 预知错点 教学反思 探讨

随着新规程的贯彻、新课程的实施，教育正朝着更新、更高的目标发展，教学中更注重拓展学生的思维活动空间，提高学生思考问题的能力，期待学生在掌握课本知识的同时，能有创新或令教师意外的问题出现，即使这是对教师知识水平、教学技术的挑战和考验。作为教师，起到架设知识的传承和创新的桥梁作用的同时，更希望能从与学生的互动中不断思考与进步。为了让学生在学习上少走弯路，降低被错误思维误导的可能，教师在教学中更得把好备课关，适时地调整教学策略，力求减少遗憾。

一、预知学生的错点，从源头防起

备好课，是上好课的前提和基础。教师如能在备课时关注和预知到学生可能存在的错点或误区，那么，教师备课时就能做到有的放矢。教师要认真对每节课进行剖析，根据学生出现的错误，对自己的教学进行质疑、反思和总结，假如教师在备课时能有所预知，有些问题是可以避免的，所以教师必须在备课时做足功夫，单单研读教材是远远不够的，和旧教材相比，现在的教材过于高度概括，中下层的学生往往在预习过程中就会感到比较吃力，因此教师要在教学中透彻分析。而要最大限度地减少学生解题过程中出现错误，则需要教师在备课过程中仔细推敲每一句话，设计每一个环节，把问题反映在课堂中，不可忽视的是教师必须先大量解题，了解知识点运用到习题中的灵活点在哪里。例如，八年级下册第十四章《一次函数》中是这样定义正比例函数的：一般地，形如 $y = kx$（k 是常数，$k \neq 0$）的函数，叫作正比例函数，其中 k 叫作比例系数。在选取练习巩固定义时有一道题：

下列函数是否是关于自变量的正比例函数？

A. $y = 3x$ B. $y = \dfrac{2}{x}$ C. $y = \dfrac{x}{2}$ D. $S = \pi r^2$

估计前三个函数没有争议，而且大部分同学能正确判断，但第四个函数则可能出现分歧。如何才能让学生在学习定义时就能透彻理解呢？于是笔者对定义进一步剖析：符合正比例函数特征的是 $y = kx$（$k \neq 0$），x 的次数必须是 1，则可以说 "y 是 x 的正比例函数" 或者 "y 与 x 成正比例关系"；反过来，假如知道 y 是 x 的正比例函数或 y 与 x 成正比例关系，则有 $y = kx$（$k \neq 0$）的函数解析式。

从学生反映的结果来看，学生能较准确判断函数 $S = \pi r^2$ 是否是关于自变量的正比例函数了，而且有学生解释：假如 S 是关于 r 的正比例函数，则应该是 $S = \pi r$。借着学生的理解，我继续提问，函数 $S = \pi r^2$ 是正比例函数吗？通过比较两个问题后学生一致认同 S 是关于 r^2 的正比例函数。

练习总结：解题时需辨清楚是关于什么的正比例函数，而一般情况下问是不是正比例函数，则可视为是问关于自变量的正比例函数。

而正是有之前对定义的完整认识，在遇到题目时学生才能得心应手。例如：已知 y 与 $x - 1$ 成正比例，当 $x = 7$ 时，$y = 6$，求 y 与 x 之间的函数关系式。分析：确定函数解析式，即确定常数 k 的值，而整道题的关键在于设函数解析式。由定义知 y 与 x 成正比例，则有 $y = kx$（$k \neq 0$），举一反三，y 与 $x - 1$ 成正比例，则有 $y = k(x - 1)$（$k \neq 0$），然后把已知的 x 和 y 的值代入即可解决问题。因为有了对 "正比例函数" 定义的进一步阐述，学生在接下来的解题中可以减少许多疑问，解题更为顺畅。

新课改要求教师改变教学思想观念，要求让学生学会探究式学习，但对于 "定义式" 的知识，还是需要教师透彻的分析，提前 "寻找错因"，有利于学生深刻理解概念的内涵和外延，让教师的教学更有效，尽量减少教学中的遗憾。[1]

二、把数学理论化成简单的操作过程

数学是一门理论性较强的学科，数学本身是抽象的，但如何能使理论与实践有机结合起来，让学生能更直观地掌握新知识呢？这就要求教师能在教学过程中探索出一套行之有效的简单的操作方法。例如：

下列各曲线中不能表示 y 是 x 的函数的是（　　　）

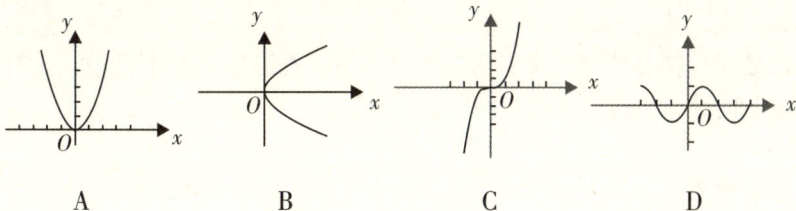

A　　　　　　B　　　　　　C　　　　　　D

本题旨在考查对函数概念的运用，而课本是这样定义函数的：一般地，在一个变化过程中，如果有两个变量 x 与 y，并且对于 x 的每一个确定的值，y 都有唯一确定的值与其对应，那么我们就说 x 是自变量，y 是 x 的函数。根据定义，需要在自变量的取值范围内，在 x 轴上任取一点，过这一点作 x 轴的垂线，过垂线与曲线的交点，作 y 轴的垂线，假如是唯一的垂足，则说明 y 有唯一确定的值与自变量 x 相对应，因此是函数图像，否则不是。但实际操作中要在有限的点中体现"任意性"则是一个问题，基于这个考虑，教师可让学生利用直尺操作：让直尺的边缘平行于 y 轴，然后左右平移直尺，如果直尺的边缘自始至终与曲线的交点少于两个则能说明是函数的图像。利用这种方法学生能很快辨别出选项 B 的曲线的同一个 x 值对应多个 y 值，说明它并非函数的图像。

在教学过程中，根据学科的特点，联系实际，化繁为简，也不失是一种引导和提高学生运用简单方法解决问题的能力的方法，同时也能培养学生学习数学的兴趣。[2]

三、对教学过程进行诊断，写好反思，积极改进

教学是一个不断完善的过程，只有通过对教学实践过程的回顾、诊断，给予否定或强化，积极思索与修正，才是努力提升教学实践的合理性，提高教学效能的过程。教师在不同班级上同一课时，内容或方法也会做一些小调整，这正体现出教师能根据学生的特点，及时采取有效的策略与措施，达到更好的教学效果。所以，在每节课或每一次教学任务完成时进行反思，把需要改进和调整的地方，或是值得推荐的亮点作总结，记录下来，这样能为今后的教学提供可借鉴的经验，长此以往，便是一笔宝贵的教学财富。美国学者波斯纳曾提出教师成长的公式：教师的成长 = 经验 + 反思。笔者曾在上完八年级下册"15.4.1 提公因式法"这节课之后写下反思：课本从实例中抽象出"公因式"的概念，如何提公因式也只能从例题中加以分析，学生解题过程中则是按部就班，如果能对方法作总结和概括的话，相信学生运用起来会更灵活的。于是，在下一次备课中，更注重方法的总结——提公因式的方法：①系数：取各项系数的最大公约数；②字母：取各项相同字母（或含字母的式子）的最低次幂的积。通过调整后，发现学生在解题过程中能更准确地得到结果，可见，充分利用课堂反思，积极加以改进能帮助自己不断成长。

四、联系生活实例培养学生的数学意识

我们通常说：数学来源于生活，又服务于生活。说明数学与生活经验存在密切的联系。新课标指出："数学教学必须从学生熟悉的生活情况和感兴趣的事物出发，为他们提供观察与操作的机会，使学生体会到数学就在身边，感受到数学的趣味和作用，对数学产生亲切感。"因此，教师从课堂教学入手，联系生活实际，让学生在有限的课堂时间内更快接受新知识。

在学习函数时，结合社会热议的话题加以渗透，既能达到教学目的，又有教育意义。例如在学习函数时让学生讨论了这个问题：

如今，餐馆常用一次性筷子，有人说这是浪费资源，破坏生态环境。已知用来生产一次性筷子的大树的数量（万棵）与加工后一次性筷子的数量（亿双）成正比例关系，且 100 万棵大树能加工成 18 亿双一次性筷子。

（1）求用来生产一次性筷子的大树的数量 y（万棵）与加工后一次性筷子的数量 x（亿双）的函数关系式。

（2）据统计，我国一年要耗费一次性筷子约 450 亿双，生产这些一次性筷子约需要多少万棵大树？每 1 万棵大树占地面积约为 0.08 平方千米，照这样计算，我国的森林面积

每年因此将会减少大约多少平方千米?

（3）结合本题，请谈谈你的心得。

数学教学中这种实际问题比比皆是，让学生能更直观地感受生活实例在数学中的体现，假如教师能不断探索生活材料数学化，数学课堂生活化，学生就能轻松愉快地掌握数学。

数学教学是一门艺术，是一个不断完善的过程，我们虽不能达到完美，但一定力争完美，因此，作为教育工作者就应不断探索和总结，以减少教学过程中的遗憾。

参考文献

［1］［2］宝敬东．突出数学学科特点　实施素质教育［J］．赤峰学院学报，2003（1）．

初中英语阅读教学中运用表格探讨

陆燕敏

摘　要：阅读教学是初中英语教学的重要内容。表格作为一种直观的教学手段，在中学英语阅读教学中有着广泛的应用。表格使文章所呈现的信息重点突出、条理清楚、层次分明。在初中英语阅读教学中使用表格，能够有效地强化学生综合使用阅读策略的意识，提高获取信息、处理信息、传递信息的综合能力。

关键词：初中英语　阅读教学　运用表格　探讨

一、问题的提出

2013 年版的新课标英语七年级（Go for it）的教材内容丰富，题材新颖，不仅联系社会生活，而且贴近学生生活实际，尤其是 Reading（阅读）部分的活动安排更是科学合理。每个单元的 Section B 中的 2a 是阅读前活动，通过完成 2a 活动，激发学生阅读兴趣，激活已有语言知识和知识背景；2b 则是阅读语篇，通常 2b 在阅读前就提出阅读任务；2c 则提出难度更大的阅读任务；3a 和 3b 则是阅读后活动。

但是由于七年级下册的阅读篇章词汇量越来越大，篇幅越来越长。纵观上下两册的阅读材料，让人感觉下册的阅读难度跨度大、词汇量大、阅读材料长，对学生的要求大大提高。在实际阅读教学中，由于学生阅读水平参差不齐，部分中下层甚至是上层学生开始对阅读产生畏惧厌烦的情绪，也越来越抗拒教师布置的文章背诵任务。如何帮助学生简单有效又有条理地快速掌握阅读篇章成为教师亟须解决的问题。

二、解决策略和理论依据

新课标要求初中阅读教学侧重于培养学生的综合语篇能力，例如，从阅读材料中获取主要信息；理解文章主旨、作者意图、语篇意义；理解阅读材料中不同的观点；识别文体的特征；根据不同的阅读目的采用不同的阅读策略；根据上下文的线索猜测故事情节的发展；根据情节及上下文猜测不同的语言现象等。[1]综上所述，新课标总体上特别强调培养学生在阅读中获取信息、处理信息、传递信息的综合能力。同时，英语课程标准也为这些要求提出相应的学习策略，"借助图表等非语言信息进行阅读理解"就是策略之一。图表法相对于文字有更大的优势，图表法是通过图表组织信息来展现作者思维方式和观点的一种方法。它使抽象的观点视觉化、具体化；它展示的内容层次分明，条理清楚，使读者一目了然，能帮助读者理解、组织和记忆各种信息。在阅读教学中，图表可以直观地反映文章大意、文中人物的关系、实物的位置关系、时间的发展过程等。这种转化方式能够将阅

读材料的主要内容和脉络结构清晰完整地呈现给学生。这里所说的图表法并不指图片配以文字说明的形式，而是用线条和符号搭建框架，以文字填充的表现形式。[2] 相对于单纯的文字，图表法具有很多优势：一是具体、简单明了，让学生一看就明白，也易于记忆；二是有整体性，图表把分散的各个部用线条和符号连接起来，形成一个整体；三是有深度阐述功能，图表把文字不能表现的内部联系表现出来，阐述的程度更深。

图表法这种直观的转化形式有：表格、图片、简笔画、树形图、流程图和时间线等。表格则是图表法中应用最为广泛的形式之一。因为能够将知识更清晰、更系统、更有条理地展示在学生眼前，表格的使用受到了广大教师的青睐。教师可以利用表格引导学生对知识进行巩固、复述、转述和对话等活动，使学生获得充分的听说训练，提高口语表达能力，而且教学中设计不同形式的表格不仅有助于增强学生的记忆，增强学生对语言的训练，而且有助于加深学生对知识的理解以及培养良好的学习习惯。[3]

在教学实践中，将表格运用到阅读教学中，帮助学生加深对课文段落大意、篇章结构及细节内容的印象，避免学生在阅读中只注重词汇、语法，从而提高学生获取、处理和传递信息的综合能力。表格阅读法直观性强，富于表达力，易于突出重点难点。

三、实例运用

（一）获取细节信息，培养学生搜集和处理信息的能力

教学中，有时为了帮助学生更好地理解教学内容，可以要求学生将已学知识进行有系统有策略地收集与整理归纳，在新旧知识之间起到承上启下的作用。例如，七年级下册的 Unit 1 Section B 的 2b 的语篇介绍了三个人物的才能和爱好。为了更直观地看到这三个人的才能和爱好，可让学生将 Peter，Alan 和 Ma Huan 的才能爱好写在表 1 相应的表格中。

表1

	Can	Like
Peter		
Alan		
Ma Huan		

接下来的 2b 是三则广告，要求学生给这三则广告选择恰当的标题。这个阅读活动实际训练了学生把握语篇主旨的能力，尤其是抓住语篇关键词的能力。可以先让学生讨论，找出关键词，并填写到表 2 的表格中。

表2

	Key words
Ad 1	Need help, old people
Ad 2	Speak English, help with sports for English – speaking students
Ad 3	Play the piano or the violin, teach music

这样学生就能通过表格中的关键词快速判断哪一个是最合适的标题。2c 则是读后活动，要求将 2a 的三个人物和 2b 的三则广告进行配对。这时，学生只要好好利用表 1 和表 2，就能轻松准确地完成 2c。可见，表格在 2a、2b 和 2c 这个阅读任务链中起到重要作用。

（二）突破难点，为学生顺利掌握文章做好铺垫

新目标英语七年级下册有好几篇阅读材料是关于两个或两个以上的人、事物在不同时间或不同地点的相同点或不同点，那么表格可以以对比或比较的方式展开。例如，七年级下册的 Unit 6 Section B 的 2b 的语篇部分介绍了中国留学生朱辉的故事，不仅介绍了中国传统节日——端午节，而且让学生领略到中西方不同的文化习俗，文章最后还点明了主人公"每逢佳节倍思亲"的心态。当学生完成教师设计的表 3 时，就会发现同样的时间——端午节，不同国家的人有着不同的 activities。学生在这明显的对比中领略了中西方文化不同的习俗，同时对主人公的思乡之情也有所体会。

表3

His family in China	Activities	His host family in New York	Activities
Mom and aunt		The mother	
Dad and uncle		The father	
Cousin		Zhu Hui	

（三）梳理文章脉络结构，帮助学生理解和背诵文章

在阅读教学中，有些文章按照时间顺序或分类顺序展开，脉络清晰，学生自行阅读就能理清文章结构，背诵也不成问题。但是有些文章的脉络结构是隐性的，学生需要在教师的帮助下借助表格等转化形式来呈现文章，使文章脉络结构明显化。例如，An Interesting Job 这一阅读语篇介绍了刑侦画像师的职业和经历，该篇文章属于脉络隐性类型。教师可先理清该文章的写作顺序：先开门见山介绍文章主角姓名 Joe Brown（Who），接着介绍职业名称（What），然后是描述职业特征（How），如何进行工作（How），为什么他的工作有困难（Why），最后是对罪犯的描述。根据文章的写作顺序，依次提出以下问题，并要求学生在教师设计的表格中回答问题。

1. Who has an interesting job?
2. What's Joe's job?
3. How is Joe's job?
4. How does Joe do his job?
5. Why is his job difficult?

表4

1. Who	2. What	3. How	4. How	5. Why（Difficult）
Joe Brown	A police artist	Interesting	People see the criminal and tell him.	People don't always see the same things the same way.
		Difficult	Draw a picture of the criminal.	So they describe the same person differently.
			Put it in the newspaper and on television.	People don't remember well.

表4清晰地呈现了文章的脉络结构，学生在教师的帮助下也流畅地复述出整篇文章。在表格的帮助下，学生在脑中构建了该篇文章的基本结构，然后通过不断复述阅读材料达到理解记忆的目的。并且，教师在板书表格内容时，重点单词和短语用红色粉笔书写，利于强调，方便讲解，使学生印象深刻。

四、注意问题

（1）对于篇幅长的文章，我们在利用表格讲解语言知识时不可能做到面面俱到，这就需要教师根据常考考点对语言知识点进行精心设计和提炼。要合理利用教材内容，根据自己所带班级的学情进行整合和编排，以发挥教材的最大作用。

（2）要求学生利用表格复述文章时，表格中呈现的文字应该尽可能简略，保留关键的名词和动词，删除修饰性的形容词和副词，为学生留下最大限度的空白，使学生不过度依赖表格，能够独立组织语言进行表达。

（3）表格的内容和形式应根据课文的体裁、篇章结构和作者的写作手法等实际情况制定。这就需要教师在课前对本课的教学目标、教学内容、教学方法做到心中有数，吃透课文，精心备课。

（4）表格的形式不是一成不变的，表格教学法也不一定适合所有阅读篇章，教师还需多动脑筋，不断创新，让表格的形式和内容不断发展和变化，以提高学生对表格阅读法的兴趣。[4]

（5）此外，教师在使用表格进行课文整体教学一段时间后，可以让学生根据文章的篇章结构自己制定表格。表格的制定为学生学会阅读提供了"脚手架"，一旦学生熟悉了这种信息转换手段，应果断地让学生自己去搭建。

五、总结

用表格呈现阅读的方法有利于面向全体学生，改变在阅读课上只有少数好学生才能有效参与阅读的局面，让中等生和部分英语能力差的学生也能够在阅读课上有所收获，并且学生可以根据自己的理解层次有选择地理解和记忆阅读。

表格阅读法在英语阅读教学中发挥了重要的作用。它使得学生对阅读材料一目了然，形成处理语言材料策略，培养了学生搜集处理传递信息的综合能力。教师应该在阅读教学中合理利用表格，不能为了表格而用表格，应该让表格最大限度地服务于阅读。[5]

参考文献

［1］中华人民共和国教育部．义务教育英语课程标准［M］．北京：北京师范大学出版社，2011.

［2］［3］罗婵娟．图表在高中英语阅读教学中的运用［EB/OL］．http：//www.zjhzyg. net/OperationManage/SubSiteNewsIndex. aspx？pkId ＝ 1343&subSiteId ＝ 242&an ＝ subsitearticle&aid ＝9824.

［4］贾传安．利用图表的英语语篇策略研究［J］．中小学英语教学与研究，2006（5）.

［5］杨红霞．图式理论对英语阅读教学的启示［J］．中小学英语教学与研究，2006（6）.

初中化学教学渗透绿色化学教育的探讨

邱婵珍

摘　要：绿色化学能保护人类的生存环境，作为中学生，一定要树立绿色化学的理念。本文阐述了绿色化学产生的背景、绿色化学的内涵以及在初中化学课堂教学中渗透绿色化学教育的途径和方法，旨在增强学生的环保意识。

关键词：初中化学　绿色化学　渗透　探讨

一、引言

随着社会经济的不断发展，化学在造福人类的同时，也给人类带来了不容忽视的环境和生态危机。全球的十大环境问题包括大气污染、臭氧层破坏、海洋污染、土地退化和沙漠化、淡水资源紧张和污染、生物多样性减少及环境公害等，都与化学有密切的关系。[1]由此，"绿色化学"应运而生。绿色化学，又称为环境无害化学、清洁化学，是指化学反应和过程以"原子经济性"为基本原则，即在获取新物质的化学反应中充分利用参与反应的每个原料原子，实现"零排放"。其核心是要利用化学原理从源头消除污染。[2]绿色化学能保护人类的生存环境，有利于人类可持续发展的实现。中学阶段是学生接触化学的起点，因而在中学化学教学中必须渗透绿色化学的理念，使绿色化学与化学教学有机结合起来，培养学生的环保意识。

二、初中化学教学中渗透绿色化学教育的途径

（一）在课堂教学中渗透绿色化学教育

1. 利用教材内容渗透绿色化学理念

初中化学是化学教育的基础，身为初中教师，应努力在课堂教学中利用教材内容渗透绿色化学理念。对教学内容中涉及绿色化学知识的地方，教师应及时向学生灌输绿色化学观念。例如，讲到"保护空气"和"空气质量日报"内容时，和学生一起探讨空气污染的来源及空气污染对人类的危害，让学生懂得如何保护我们的空气；讲到"使用燃料对环境的影响"时，让学生了解化石燃料的大量开发和使用，一方面会造成化石燃料面临枯竭的危机，另一方面会造成酸雨、温室效应、空气污染等环境问题。另外，利用教材让学生讨论"为什么氢气是清洁、高能的燃料"。讲到金属资源的利用和保护时，让学生明白金属资源不可再生性，而目前金属资源浪费和锈蚀情况非常严重，让学生意识到节约金属资源和回收利用废旧金属资源的重要性。再如，在讲到氮肥、磷肥时，让学生明白"为什么

要提倡使用无磷洗衣粉"等。通过以上方法让学生明白：随着经济的快速发展，环境问题越来越严重。因此我们必须摒弃先污染后治理的被动环境保护模式，采取符合绿色化学理念的模式，即从源头上阻止污染物的产生。

2. 利用重大事件或日常生活案例渗透绿色化学教育

在课堂教学中，教师可以有意识地举出一些违背绿色化学理念的重大事件或日常生活中贯彻绿色化学理念的实例。比如 2014 年兰州自来水苯含量超标事件；2012 年山西省长治市苯胺泄漏导致河水污染事件、三友化工污染门事件、广西镉污染事件；2011 年福建紫金矿业有毒废水泄漏事件等，使学生意识到破坏环境的严重后果。另外，教师可以利用现在大多数超市有偿使用塑料袋这个事实引出目前"白色污染"日益严重的现状，让学生明白塑料长期堆积会破坏土壤结构，污染地下水，危害海洋生物的生存。而焚烧废弃塑料会产生大量有害物质等。因此，教师可以通过以上这些途径来提高学生对环保的忧患意识，灌输绿色化学理念。

3. 运用习题强化绿色化学意识

习题教学能帮助学生掌握和巩固所学的基础知识和基本技能，是课堂教学的重要环节之一。教师可以结合课本知识，设计一些渗透绿色化学知识的相关题目，让学生通过对习题的解答，更深入了解绿色化学的重要性以及如何在生活中以绿色化学理念来规范自己的行为。

（二）在实验教学中渗透绿色化学教育

化学是一门以实验为基础的学科。在初中化学中，化学实验是一种必要的学习和科研手段，而部分化学实验会对师生的健康以及环境产生危害。这就要求教师在实验教学的过程中要想方设法对化学实验进行改善，使化学实验尽可能满足无污染、绿色化的要求。笔者认为在实验教学中可以通过以下途径来贯彻绿色化学教育。

1. 推广微型化学实验

微型化学实验是在极其微型化的装置中用尽可能少的试剂获得明显的实验现象和实验结论的实验。[3]对于那些毒性较大、成本较高或者污染比较严重的实验来说，开设微型实验显得尤为重要。微型化学实验具有节省药品和能源、污染程度低、安全、有利于进行分组实验等优点。比如将学生分组实验"酸碱盐性质实验"改在点滴板中进行，现象非常明显，也能节约大量药品、减少污染物的排放。微型化学实验是化学实验绿色化的重要手段，值得大力提倡和采用。

2. 规范实验操作

教师演示实验和学生分组实验操作都必须规范，这样才能避免仪器的损坏和药品的浪费。比如对试管中的药品进行加热时，一定要注意规范操作，避免仪器破裂。

3. 改进实验方案和装置

初中部分化学实验在实验过程中会生成有害物质，这就要求实验者在达到实验目的的前提下，对这些实验进行绿色化设计。例如，在进行探究微粒的运动性质的实验时可以使用白醋代替浓氨水（浓氨水对人体有害），使用紫色石蕊试纸代替酚酞，这样既能达到教学目的，也能减少对人体和环境的危害。再比如，"测定空气中氧气含量"和"燃烧条件

的探究"这两个实验，由于白磷和红磷在空气中燃烧会生成有害物质五氧化二磷。因此对这两个实验做出改进，使得白磷和红磷的燃烧都在密闭容器内进行。"测定空气中氧气含量"选择白磷作为药品，由于铜具有良好的导热性，而白磷着火点较低（40℃），因此可利用酒精灯加热铜丝，利用铜的导热性将热量传给白磷，从而引燃白磷（见图1）。"燃烧条件的探究"这个实验，把白磷和红磷置于试管中（见图2）。[4]这两个实验方案均能避免实验过程中产生的白烟对环境的污染，也能避免由于燃烧匙伸入集气瓶中部分空气受热逸出导致的实验误差。而在一氧化碳还原氧化铜的实验中，可以将一氧化碳进行点燃处理重复使用（见图3）。[5]

图1　测定空气中氧气含量　　图2　燃烧条件的探究　　图3　一氧化碳还原氧化铜

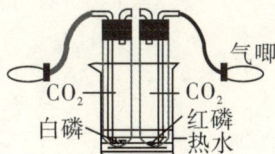

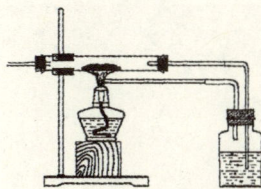

4. 回收处理实验后的废弃物

教师演示实验和学生分组实验，都存在着"废气、废液、废渣"等问题，因此教师在演示实验时必须对实验后的"三废"进行处理。而让学生分组实验时，更应指导学生把实验后的废弃物等进行分类回收，达到一定量后，教师再进行统一处理。对实验后废弃物的回收处理，能减少对环境的污染，以实际行动向学生渗透绿色化学理念，培养学生良好的环保习惯。

5. 利用现代化教学手段，模拟化学实验

对于一些危害大、污染大、试剂昂贵、反应装置复杂、操作烦琐的演示实验，若目前仍无法通过改进使其绿色化，或通过微型实验现象不明显时，教师可以借助现代化辅助教学手段。比如可以事先进行实验并将其拍摄下来，或直接从网络上下载实验视频，以多媒体课件的形式展现出来。另外也可以有意播放一些违规操作的视频，让学生辨析错误的操作，探讨违规操作的后果。这样既能提高教学质量，又能节约资源，符合绿色化学的要求。

三、结语

绿色化学追求的是人与自然和谐相处，绿色化学教育是化学教育进一步发展的一个方向，是化学教学改革的一个发展趋势。作为当代的化学教师，应该在教学之中不断探索环境友好型化学，并且通过教学形式向学生渗透绿色化学理念，让学生真正了解绿色化学，接受绿色化学，为绿色化学做出应有的贡献。

参考文献

［1］朱清时．绿色化学和新的产业革命［J］．现代化工，1998（1）.

［2］曹娟．浅谈绿色化学与绿色化学教育［J］．科技信息（科学教研），2007（17）.

［3］钱贵晴．微型化学实验与创新教育［J］．化学通报，1999（5）.

［4］王西甫．燃烧条件的探究实验设计［J］．化学教学，2010（5）.

［5］王春霞．在化学教学中渗透绿色化学理念［J］．沈阳教育学院学报，2005，7（2）.

潮州文化融入初中思想品德课程教学初探

黄桂芳

摘　要：引导初中学生形成正确的世界观、人生观和价值观是初中思想品德课程的基本要求。将潮州优秀人文精神引入教学中，从地域中汲取优秀因子，让初中德育教育回归生活，以学生最熟悉的身边事为案例，有助于将优秀文化要素和正确价值意图快速吸收内化，从而促进学生的全面发展，是对初中思想品德课教学的有效探索和尝试。

关键词：初中思想品德课　潮州文化　融合　探析

潮州历史悠久，潮州文化传统独特，潮州人文精神更是潮州文化的真髓，把潮州文化融入初中思想品德教学过程中，通过学生所熟知的历史故事、名人事例等让潮州传统文化的养分潜移默化地渗透到学生的思想意识中，并逐渐内化为学生品质，提高学生的道德水准。

一、在初中思想品德课程教学中融入潮州文化的必要性和可行性

（一）领会初中思想品德课程的目标和要求

初中思想品德教育课程是初中学生思想品德健康发展的基础综合性课程。根据《义务教育思想品德课程标准》（2011 年版）要求，初中思想品德课程要以社会主义核心价值体系为导向，旨在促进初中学生形成与发展正确的思想观念和良好的道德品质，为使学生成为有理想、有道德、有文化、有纪律的合格公民奠定基础。[1] 在教学实施过程中必须遵循初中学生身心发展和思想品德形成与发展的规律，以学生道德认知、道德情感及道德实践水平为基础，注重丰富学生的道德体验；必须坚持正面引导和典型教育，开发和利用初中生已有的生活经验，经由学生的独立思考和亲身实践达到真正内化；必须因地制宜，重视对本土资源的开发和利用，发挥本土资源的优势和独特价值。

（二）重视优秀传统文化的教化作用和意义

当前，我国正处于社会转型期，道德滑坡现象在一定范围内和一定程度上存在，这对初中学生思想品德的健康发展造成一定的负面影响。中华优秀传统文化中蕴含着积淀深厚的道德理念和行为规范，是当前初中生思想品德建设的重要教材和有益养分。现阶段，加强传统文化教育已被党和国家摆在了突出的地位，党的十七届六中全会把建设社会主义核心价值体系作为推动文化大发展大繁荣、建设社会主义文化强国的根本任务。在初中思想品德教学中渗入中华优秀传统文化，让初中学生接受优秀传统文化的熏陶，继承和弘扬民

族瑰宝，对培养其思想道德素质、文化素养、理想信念、价值观、审美观等具有不可言喻的导向作用和教化意义。

（三）利用潮州文化进行初中生思想品德教学的可行性

独具特色的地方文化是各地因地制宜开展教学的宝贵资源。潮州历史积淀深厚、文化根基扎实、区域独特鲜明。潮州文化具有长期性、稳固性、继承性的地域性文化特征，具有本地特有的文化心态、文化价值、文化精神。[2]潮州人注重个人道德修养，重视礼义廉耻、社会公德、爱国爱家等思想观念，具有精细雅致、感恩奉献、诚实守信、乐于助人、团结互助等优秀精神品格。潮州人文精神是潮州文化的真髓，将潮州优秀文化融入课程教学中，能在言传身教、耳濡目染中，让学生感悟其魅力，吸取其精华，由浅入深、循序渐进地渗透于学生心灵和思想，最终形成良好的品德修养和优秀的行为品格。

二、将潮州文化融入初中思想品德课程的教学探析

教育的意义和使命在于传承优秀文化，让德育回归生活，让潮州文化走进初中思想品德课程，走近"生于斯、长于斯"的初中学生，引导学生去观察、体验、思考、实践、感悟，从而达到让学生快速吸收内化优秀文化要素和正确价值意图、弘扬和传承潮州文化的目的。

（一）引导学生学会感恩和奉献

感恩和奉献是素质教育的重要组成部分，也是德育教育的重要内容。假如一个学生对家乡的人文风俗茫然不知，势必很难引发其对家乡的眷恋之情和对社会的奉献之心。在潮州这座两千年历史的古城里到处充满感恩的元素，这是我们得天独厚的教材资源。那么，如何引导学生学会感恩呢？在教导学生学会感恩时，采取导学教学的方式，布置课前预习，让学生收集整理"韩愈与潮州"的相关故事。课堂则采用小组讨论的方式，在互动中引导学生对"韩愈治潮"和"潮州山水皆姓韩"来谈谈自己的认识，使学生深刻体会到感恩一直是潮州文化的主旋律，是潮州人一种与生俱来的基因和品德；使学生体会到我们对待一位在潮州仅8个月的外来官员尚且如此，更何况对待生养我们的父母和教导我们的教师，我们更要感恩、体谅、关心他们。在教导学生关爱奉献社会的时候，则以"潮州——著名侨乡，华侨——桑梓情怀"为主线，让学生用自己的语言讲述自己认识的华侨和他们的故事，并以陈伟南先生"香港赚一元，五角捐家乡"的感人故事，"人生的价值在于奉献，事业的成功在于努力"的座右铭，以及"伟南精神"为典型事例，为学生解析陈伟南先生崇文重教、造福桑梓、感恩奉献、爱国爱家的精神，让学生受其感染，从而更加深刻地认识到作为一名学生，要树立回报社会的意识，积极参与社会公益活动，以自己的实际行动服务社会，回报社会。

（二）引导学生学会自强和务实

自强和务实是潮州人共同的秉性。地处南方偏远之地的潮州先民靠着勤劳的双手，顽强拼搏，自食其力，养成了务实的自发心态、自强的心理素质。在教导学生学会自立自强

时，以开展"我的家族我的根"小调查为切入点，让学生主动去了解自己的宗祠族谱，并从中解读其家族历史中先人自强不息的奋斗故事。然后以"新石器时代陈桥人、池湖人，古闽越国越人先民，秦汉以后中原迁入先民，近现代潮州商帮"等主要时间节点为线索，将潮州先民的相关史实资料串联起来展示，让学生将其家族史同潮州人民奋斗史相类比，激发学生兴趣，引发学生思考。当代国际汉学大师饶宗颐是潮州人的骄傲，其求真务实的治学精神受到学术界的广泛赞誉，课堂中可以组织学生观看《饶宗颐》纪录片，布置"给饶宗颐爷爷的一封信"作业，让学生将观后感和想对饶宗颐爷爷的话写出来。教学中，通过这些真人实事，更深刻地感悟到自强和务实对于一个人成长成才的重要意义，让学生在这样的学习感受中，主动培养自己的这种精神，从小树立远大志向，勇于面对生活中遇到的种种困难，做生活的强者，在磨砺自己意志中自强进取。

（三）引导学生学会勤劳和诚信

勤劳和诚信是潮州人祖祖辈辈流传下来的传统美德。潮州谚语"学力三年，学惰一时"就是教育青少年要勤奋，不要懒惰。而潮州人教育小孩的一句口头禅"力食值，惰食涎"则深刻地反映了为人必须勤苦努力，才能享受美好生活的道理[3]，这些都说明潮州人把好吃懒做、投机取巧视为恶习，将勤劳自强作为做人做事的基本准则和品格。潮州谚语"老实终久在"，则指为人处事诚实忠信，终究会给人留下好印象，经得起时间的考验。[4]"无赊不成商"，说明潮州人经商以诚信为基础。在教导学生学会诚实守信时，以这些学生们所熟知的潮州谚语和潮商诚信经营致富的小故事为例，让学生了解到勤劳和诚实是做人的基本原则，是美好道德的核心，是各种良好品德的基础。让学生认识到只有诚实守信，才能获得他人的信任与尊重；只有诚实守信，才能建立良好的人际关系，打下牢固的事业基础，取得坚实的人生业绩。

教师在将潮州文化融入初中思想品德课程教学探索中，可灵活运用潮州鲜活的本土资源，通过真实生动的文化情景，有效地激发学生兴趣，调动学生积极性，引发学生思考，让学生置身于现实氛围里，去感受、去体验、去探索，从而有利于将传播潮州优秀文化要素和引导正确价值意图结合在一起，使学生快速有效地吸收内化，这是发掘和利用地域文化教学资源，丰富初中思想品德课教学的一次有效探索和尝试。

参考文献

［1］中华人民共和国教育部．义务教育思想品德课程标准［M］．北京：北京师范大学出版社，2012.

［2］潮州市委宣传部．新时期潮州人精神教育读本［M］．广州：岭南美术出版社，2007.

［3］［4］卢锦标．潮州俗谚［M］．香港：天马出版有限公司，2011.

构建体育教学中的和谐师生关系

李壁恺

摘 要：体育教学中的人际关系主要包括教师和学生、学生和学生之间的关系。它是一种情感交流的过程，也是一种相互学习的过程。因此，这些关系处理得好坏与否，直接影响着教学质量。构建和谐师生关系是体育教学成败的关键。

关键词：体育教学 师生关系 和谐 构建

一、体育教学中的师生关系

所谓人际关系，从社会学的角度来讲它是社会关系的一种。从心理学的角度来讲，人际关系是人们在相互交往的过程中形成的心理关系、心理上的距离，不同的人际关系会引起不同的情绪体验。体育教学中主要包括教师和学生、学生和学生之间的人际关系。体育教学中的人际关系是一种情感交流的过程，也是一种相互学习的过程。因此，这些关系处理得好坏与否，直接影响着教学质量。

（一）建构和谐的师生关系

师生关系和谐对体育教学有积极的意义，会对体育教学的顺利进行和体育教学质量的提高产生直接的影响。对此，体育教师应有充分的认识，积极创造这种和谐关系。

1. 与学生建立真诚的情感

教师只有多接触学生，多了解学生，多关心学生，以情感人，真诚相待，学生才会理解教师、信赖教师。作为体育教师，更要尊重每个学生的特殊性和具体性，帮助每一个学生提高体育素养，体育教师要在平等、沟通、对话的基础上去理解学生的生活世界与精神世界，师生之间才能够建立起信任，师生之间才会有共同的语言，才能在一种感情融洽、团结友爱的气氛中密切合作，塑造和谐环境，共同完成教学任务。

2. 树立良好的自身形象

现代学生对于体育明星有着强烈的崇拜感，喜欢模仿体育明星的形象，也渴望得到体育教师的正确指导。因此，体育教师应特别注意自身的修养，树立良好的形象，提高自身的素质。同时，体育教师应不断吸收本学科的新鲜血液，多积累资料，从而提高教学质量。一位品德高尚、事业心强、正直公道、平易近人、言行举止文明的教师，会使学生感到亲切和敬佩，是学生效仿的榜样。只有这样才能抓住学生的心理特点，统一思想，并给予其正确的引导和教育。这样有利于教师与学生成为朋友，并建立友好的师生关系，达到教书育人的良好效果。

3. 充分利用体育教学的特点协调师生关系

体育课多数在室外进行，学生与教师接触较多。教学过程中，教师不仅要讲，还要练，若教师能身体力行，主动参与学生的练习、活动、游戏，无形中就缩短了教师和学生之间的距离。尤其是在学生上了几堂室内理论课后，一旦走进体育课堂，就会像出笼的鸟一样感到无比兴奋，跃跃欲试。教师若能安排好体育课的活动量和活动密度，掌握好分寸，就能使学生的身心状态得到调整，师生的感情得以交流，师生关系就更为和谐、融洽。如果学生前一堂是理论性较强的课，那么接下来的体育课就应在准备活动部分适当地安排些游戏活动，放松学生紧绷的神经。如果学生前一堂课是音乐课或实验课，体育教师就应在接下来的体育课中首先安排一些集中注意力的练习活动。

总之，体育教师要注重创造和谐的师生关系，这对自己、对学生、对教学和其他工作都是一举多得的。当然要注意把握正确的思想方向，以免适得其反。

（二）营造良好的学生关系

体育教学环境同样会对学生的人际交往产生一定的影响。教师和学生之间，学生与学生之间，这些人际关系交织在一起，它影响着师生的情绪和认知行为。建立良好的人际关系，形成积极健康的集体舆论，有利于促进学生体育能力的发展以及体育意识的提高，有效地提高体育教学的质量。

体育教学中，由于学生体育素质存在差异，很容易形成特定的心理场。体育素质好的学生洋洋得意，体育素质弱的学生自卑自弃。由于体育教学的现场效应，以及结果的公众效应，很多学生，尤其是女生，随着年级的升高，对体育学习会产生畏惧心理。作为体育教师，尤其要把握好体育教学的具体性和特殊性，营造一种相互欣赏、彼此肯定的评价氛围，让每一个学生的进步都能得到鼓励和发现。

由于体育固有的竞技性，"竞争"和"挑战"在体育教学中让每一位学生都激动心跳。每周数节的体育课，学生们会经历各种挑战与竞争。有个体的，有集体的，如何鼓励每一个个体形成"永不言败"的精神，如何帮助学生形成"互帮互助""互相勉励""彼此鼓劲"的集体氛围，形成集体中"一个也不掉队"的团队精神，体育教师在每一节体育课堂教学中都需要发挥重要的引导作用。

另外，小组合作是体育教学中常用的组织方式，接力、运球……作为体育教师，可以巧妙地利用这些组织形式，在体育教学中既培养学生的合作意识、合作能力，又能培养学生为了共同的目标不甘落后的拼搏精神。

优化人际环境，建立学生个体之间、班级之间、群体之间以及师生之间的良好关系，特别是教师与学生之间融洽的关系，才能使学生在体育活动中得到心理上的满足，从而获得良好的教学效果，给学生创造良好的体育环境。形式多样的体育活动有助于建立各种良好的人际关系，使学生身心获得健康的发展。

二、优化课堂心理气氛

课堂心理气氛是指存在于教与学双边活动中的情绪特征和经常表现的行为风格。它有两种表现：一种是积极向上、生动活泼的，具有强烈的吸引作用；另一种是消极沉默、无精打采、毫无兴趣的表现。前者可以促进学生在轻松愉快的状态下积极开动脑筋，认真进行学和练，在心情舒畅的情况下掌握技术、技能。后者，学生是在被动的情况下学习，学习中缺乏主动和积极精神，练习中无精打采，教师的教学就难以被学生接受，严重影响教学效果。

下面，我们从素质教育的特征谈优化体育课堂心理气氛。众所周知，素质教育有三个特征：全体性、全面性、主动性，这三个特征在学校体育教学过程中体现得越强，就越接近素质教育的要求。从现实意义出发，针对素质教育的特征，优化体育课堂心理气氛，提高课堂教学效果，充分发挥其具有的其他学科所无法替代的教育功能。

（一）全体性

体育教学的第一个目标是使体育属于全体学生，使不同身体素质的学生都能得到同样的学习和锻炼机会。承认并尽可能使每个学生都有自己的目标，使每个学生都能在体育课中具有自己的学习目标，并努力地完成它。同时在评价方面，使每个学生都能从中得到新的目的和动机。使每个学生都能在体育教学中获得成功的乐趣，不能因为教学的一律性和强制性使一部分学生获得乐趣，而使另一部分学生感到失败和苦涩，从而觉得教学毫无意义。教师应根据学生的生理和心理特点，不过多批评、指责，而是多鼓励、表扬，使他们产生学习的兴趣，在练习中能始终保持愉快的精神状态，完成预期的学习任务。

（二）全面性

教育的全面性是使学生在体育教学中得到全面和谐发展。教师要根据学生身心发展规律和体育教学的自身规律，找准教学切入点，引导启发学生动脑及动手，尽量使课堂协作、竞争并行存在，还要注重品德、情操的培养。既让学生增强体能，提高技术，又让学生在对原理的理解、成功的愉悦、情感的体验方面有所收获。

（三）主动性

提倡教育主动性，一是唤起学生学习的积极性，学生的兴趣是教师组织教学必不可少的条件，课堂气氛的生动活泼，学生的积极性十足，情绪高涨，是保证和提高教学质量的重要因素；二是让学生在自觉主动的学习过程中掌握科学的锻炼方法，从而更好地进行身体锻炼。

三、总结

综上所述，良好的体育人文教学环境取决于体育教学中融洽的师生关系和学生之间的关系，以及良好和谐的课堂心理氛围。

体育人文教学环境是为体育教学目的和任务服务的，目的和任务不同，对体育人文教学环境的要求也不同。当代体育教学是强调以学生为主体，教师起主导作用的教学，教师的教是为了学生的学。因此，体育人文教学环境就应服务于这个目的。

参考文献

［1］卢秀安．现代心理学纲要［M］．广州：广州出版社，1994．

［2］刘慎年，许尚侠，李建国．体育心理学［M］．北京：高等教育出版社，1995．

［3］毛振明．体育教学科学化探索［M］．北京：高等教育出版社，1999．

［4］周球．如何营造良好的课堂气氛［J］．体育师友，1996（3）．

［5］陈旭远，张捷．新课程实用课堂教学艺术［M］．长春：东北师范大学出版社，2004．

来自山那边的呼唤 走进蓝色的梦想海洋

——漫谈《在山的那边》教学设想及教学过程

李佳娜

摘 要：中学生面对自己的梦想，应该如何追求？如果遇到困难，应该如何克服？针对这个问题，在《在山的那边》这篇课文的教学设计上，我把这首诗的教学重点定位在如何追求梦想上，让学生体会到虽然追求的过程是艰辛的，但我们应不断地努力下去，最终使自己的梦想得以实现。并有意识地在课堂教学上培养学生自主、合作、探究的学习方式，让学生学有所成，学有所获。

关键词：教学梦想 教学过程 学习方式 探讨

梦想是一个永恒的主题，如何追求自己的梦想，是我们人生中不断探索的内容。在初中语文新课标七年级上学期的课文《在山的那边》中，王家新向我们传达了一种信念，告诉我们一个哲理：对于梦想，只有追求，才能成功。如何把这个哲理转化为让学生容易接受的事例呢？在备课的时候笔者就注意到，面对一群刚进入中学校园的学生，从第一课开始，就要有意识地培养他们自主、合作、探究的学习方式，让他们对知识进行自主整理、感悟，做自己学习的领航人，多挖掘他们感兴趣的问题，在课堂上创设良好的自主学习的情境，让他们快乐自主地学习。

《在山的那边》这首现代诗讲的是一个大山里边的孩子对山那边的渴望与对海的追求，抒写了童年的向往和困惑，成年的感悟和信念，虽然远大的理想一时难以实现，但终究是可以达到的，而这一艰辛、痛苦的过程，只因对理想的呼唤、信念的支持，才使人不畏长途跋涉、坚持到底。在进行教学设计的时候，笔者把这首诗的教学重点放在如何追求梦想上，让学生体会到虽然追求的过程是艰辛的，但我们应不懈地努力下去，最终使自己的梦想得以实现。课堂导入设计中，笔者让学生讲述自己追逐梦想的事例，把《阳光总在风雨后》这首歌作为背景音乐，通过特定情境的设置，让学生深有感触地把自己的一些经历讲述出来。比如考试失败了，经过家长、教师的鼓励，自己不断地努力，最后取得好成绩的事例；自己学自行车的过程中，经过一次又一次的摔倒，不怕流血流泪，战胜了困难，终于开心地学会骑车的事例……整个过程学生们的发言非常踊跃，都争着和老师同学一起分享自己的真实感受。其实梦想对于一个刚升入初中的学生而言，并非指远大的理想，而应立足于他们的现状，把梦想等同于近期的一个目标。我接下去问他们，"那么你们认为梦想的实现过程有哪些共同点？"这个问题又把课堂气氛调动了起来，学生们七嘴八舌地回答，比如，"很难实现，要经过不断的努力"，"要付出很多，当梦想实现了，就会很开心，很高兴"。学生的答案让我意识到，他们年纪虽小，但也有自己的生活阅历，也能凭借自己对生活中的某些经历，悟出一些人生的哲理来。王家新在诗中也告诉了我们这样一

个道理：理想的实现是要历尽千辛万苦的。诗中的"山"就是一个个目标，当你爬上第一个山顶时才发现你离理想的实现其实还有很大的距离，那到底应该怎样才能实现自己的理想，才能梦想成真呢？

通过对整首诗进行多次诵读后，笔者让学生快速找出诗中表明理想不易实现的诗句，学生能迅速找出如"于是，怀着一种隐秘的想望，有一天我终于爬上了那个山顶，可是，我却几乎是哭着回来了——在山的那边，依然是山""山那边的山啊，铁青着脸，给我的幻想打了一个零分"这样的句子。从这些诗句中我们不难看出，一方面诗人渴望早日实现理想，另一方面却对实现理想的艰巨性估计不足，本来以为爬上一座山就能看见大海，就能到达理想境界，可事实并非如此，于是不免失望、沮丧。诗人小时候经过母亲的指点，唤起了愿望，然而童年的认识毕竟是肤浅的，总以为一座山的那边就是海，当看不到海时，就难免会有失望、沮丧的心情。分析这个要点的时候，我让学生小组讨论问题："当目标一时难以实现的时候，你要怎么做？"然后每组推荐一个小组代表发表看法，在这个环节里学生大多谈到"要用平常的心态对待失败，不气馁、不放弃，坚持就是胜利"这样的想法，这个问题的设置，让学生感受到诗人长大后所领悟到的母亲所说的"海"，是信念凝成的"海"，海虽然看似遥远，但并非虚无缥缈，只要心存梦想，只要敢于追求，"一次次鼓起信心向前走去"，"在不停地翻过无数座山后，在一次次地战胜失望之后，你终会攀上这样一座山顶"，终将会看到梦想的大海正展现在你的眼前。这样看来，"信念"在梦想追求的过程中起到重要作用。

在接下来的教学过程中，笔者让学生根据诗的主要内容，结合古今中外的事例对诗中诗人的感悟进行拓展分析，小组讨论"拥有信念在实现梦想的过程中所起到的作用"这个问题。这个问题的设置，可让学生将以前学过的知识适当地运用到新知识中来，能起到"温故而知新"的作用。有些学生谈到卧薪尝胆的勾践，为了心中的信念，一张薪床，一枚苦胆，蓄势待发，终于灭吴，成就"三千越甲可吞吴"的千秋霸业；也有学生谈到忍受腐刑折磨的司马迁，为了实现"究天人之际，通古今之变，成一家之言"的信念，写成了"史家之绝唱，无韵之离骚"的《史记》；还有"不为五斗米而折腰"的陶渊明，为了理想，远离朝廷，"衣沾不足惜，但使愿无为"，悠然地过着"采菊东篱下"的生活。学生的感悟是深刻的，他们能由"信念"联想到古代这些典型的事例，把"只要百折不挠地坚持奋斗，理想终将实现"的道理明确地表达出来，达到预想的教学效果。

教学的最后，笔者以汪国真的诗"没有比脚更长的路，没有比人更高的山"结束对本诗的学习，告诉学生：只要我们努力，坚持不懈，一定可以到达理想的境地，看到我们梦寐以求的蓝色的梦想海洋，那是一个全新的世界，可以在一瞬间照亮你的眼睛。

教学小结及反思：在语文新课标的学习中，学生成了学习的主体，教师要发挥好引导作用，但又要避免大包大揽的教学作风，既要设置适合学生探究的问题，又要帮助学生找到探索问题的有效途径，这其实对教师的教学技能提出了更高的要求，意味着教师"不仅要熟悉教材的内容，还要了解学生的思想动向""不仅要认真备教材，还要花时间备学生"。在对这首诗歌的教学上，笔者主要充当引导者的作用，用问题引路，让学生自己去走，一节课上完，感觉学生的收获颇多，他们能切实理解诗人的感悟，也能通过自己的认知，把新旧知识相结合，对诗歌的内容进行拓展和深入探讨。但学生应该具备良好的自学能力，能做好充分的预习准备，这是诗歌教学内容得以顺利完成的重要前提条件。如果能做到每节课都让学生做自己学习的领路人，那么学生将能得到更多施展才能的机会，他们在语文的学习上将更具有积极性和主动性，会学得更加精彩。

创建魅力语文课堂的思考

——我理想的语文课堂

徐　晖

摘　要：语文教师要提高个人素养，要具备深厚的人文修养和博大的人文情怀，在课堂上发挥课文美育的作用，引导学生置身生活情景中，多角度、多层面地去理解作品，让学生感受文章中多样、丰富的情感，借助朗读，优化语文课堂，使课堂充满趣味。

关键词：语文教学　教师素养　魅力课堂　思考

温暖的阳光唤醒了冰封的土地，纷飞的瑞雪滋润着越冬的禾苗，像每一个勤劳的耕作者盼望丰收一样，作为一名语文教师，在历经了辛勤的耕耘后，也同样祈盼着丰收的硕果。教书育人，为人师表，尝尽苦辣酸甜，有过欢笑，有过泪水，做一名语文教师的个中滋味，一言难尽。

什么是语文？语文是什么？这是笔者参加潮州市骨干教师培训时导师提出来的第一个问题。作为一名站在讲台上教了十几年的语文教师，我也常常思考语文是什么——对教师，对学生，语文难道只是中考那120分的试卷？上完课后笔者深思这一系列的问题："语文是什么？语文教什么？语文怎么教？教语文的目的？语文怎么考？"在培训时授课导师的几个例子可谓一语中的："反馈出来，学生最不喜欢的就是语文课……用学生的话说就是：学了90分，不学也是90分。"这确实是笔者在工作中经常看到的现象，夜自修没有几个学生在学语文，中考前的复习冲刺，也几乎没有学生在复习语文。我们怎样让语文课堂充满魅力，这显得尤为重要。

一、创建魅力课堂，提高个人素养

语文教师不是高级文字搬运工，学生也不是盛装知识的容器。语文课要激发学生学习语文和参与课堂的积极性，这需要教师去挖掘语文本身的魅力，提高自己的个人素养。

（一）人格修养

一个语文教师，具备深厚的人文修养和博大的人文情怀，是语文教学成功的基本条件。

1. 语文教师的尊重与赏识

罗森塔尔实验和罗森塔尔效应告诉我们：每一个孩子的潜能无限，鼓励你的孩子，培养他们的自信，你的期望将在很大程度上决定孩子的未来。

2. 语文教师的理解与宽容

只有那些始终不忘记自己曾是一个孩子的人，才能成为真正的教师。一份爱心，会缩短一份距离。高尔基说过："谁爱孩子，孩子就爱他，只有爱孩子的人，他才可以教育好孩子。"教师需要有一种阳光的心态，先热爱、尊重学生，多设身处地为学生着想，以诚恳、真挚的情感去打动他们，建立良好的情感基础，在宽松、愉悦的育人环境里取得显著的教育效果。

3. 语文教师的智慧与快乐

孩子们用他们最纯真的心写出同样纯真的语言，但我们成年人在物欲横流的社会中生活久了，容易忽略甚至扼杀这些墙角的小花，我们要学会仔细聆听他们，学会蹲下来看他们，那么，我们也会听到花开的声音，看到冰融化成春天。

（二）知识素养

苏霍姆林斯基的《给教师的一百条建议》中有这么一段话："每天不间断地读书，跟书籍结下终生的友谊！潺潺小溪，每天不断注入思想的大河。读书不是为了应付明天的课，而是出自内心的需要和对知识的渴望。"作为语文教师，知识的厚重非常重要。曾听过一位语文特级教师这样说："课堂语言会给学生起到示范性的作用，字字都得是沙里淘金。"语文教师需要不断地进行知识的汲取，"问渠那得清如许，为有源头活水来"。

1. 能力结构

苦读、能说、会写是语文教师的基本素养。一个优秀的语文教师往往是一个有追求的作家或学者。

2. 语文教学能力

语文教师应该打造教学特色，形成鲜明个性。

3. 诗意的语文课

董一菲教师在《我的诗意语文教育观》中这样说："语文应当去发掘文学气息，感受浪漫情怀，用缤纷的语言、对文化的膜拜及智慧与幽默来构建一个诗意的课堂。"她在讲授席慕蓉《一棵开花的树》时，引导学生在朗读中感悟，在感悟中鉴赏，为了更好地让学生感悟诗文之美，她引导学生说："这棵开花的树是诗人灵魂的潜影，它生长在诗人精神的原野，是诗人情绪的流动与飞扬，是诗人情感的外化。别林斯基说'美是从灵魂深处发出的'。"在开设"名著导读"课时，她这样引导学生："烛影摇曳中，一个读书的剪影——这是世界上最美的图画。在名著的文学世界中，你会感到心与心的共振，精神与精神的交融。然而巴山依旧夜雨，心灵不复吟讴。题海淹没了太多的故事，已经让我们无法接近真正的文学，更是无法领略文学世界的绮丽与斑斓。"

4. 温和慈祥的语文课

2011 年 11 月，笔者参加了广东省中学语文古典诗歌鉴赏教学研讨会，余映潮老师的"《望岳》《春望》"的诗联品析课留给笔者的印象非常深刻。余老师整节课所创设的教学构想，带着鲜明的个性特征，过程非常清晰，典型的读写结合的模式。余老师通过"师讲—生听—生讲—师听—生讲—师优化"的教学过程，不仅关注学生的阅读能力，而且师生一起赏析诗联，充分发挥了课文美育的作用。

二、审时度势，寻找适合自己的语文课堂，使课堂充满趣味

（一）读透每一篇文章

一百个读者就会有一百个哈姆雷特，我们不能被束缚在一些现有的教案中，文学作品的魅力在于读者的再创造，语文教师如果对作品有自己的独特感受，就能引领学生结合生活感受理解文本。

《散步》是自读课，笔者听过很多教师用这篇文章开课，重点都放在引导学生感受这篇文章中和谐、温馨的亲情。笔者则是读完文章后结合自己的生活经历，将感受和学生一起分享、交流，让学生寻找生活中的情景。

让学生自读课文，笔者提出这样一个问题："我"、"我"的妻子、"我"的母亲、"我"的儿子这四个人中你们最喜欢谁，这个和美的家庭谁的贡献最大？学生纷纷把自己的自读感受说出来，然而，没有一个学生选"我"的妻子，因为在这篇文章中这个人物的笔墨是最少的，容易被忽略。在学生陈述了自己的选择和理由之后，我也把我的选择、理由和学生交流，我说："我最欣赏文中的妻子，这个人物笔墨很少是因为在很多关键的时候她都保持沉默，在这个家庭产生分歧时，她的心肯定是偏向自己的孩子，因为文中说'在外面她总是听我的'，因为对丈夫的爱，对家庭的爱，所以她选择沉默，而当家庭需要她的时候，她也能助丈夫一臂之力，背上儿子。所以文中说'好像我背上的同她背上的加起来，就是整个世界'，正因为她的沉默和贡献使这个家庭能够和和美美。"有了这种生活场景的还原，学生在接下来的自读中很容易就明白了一个家庭的和睦，每一个人都有责任，如果每一个人都只考虑自己，就会破坏家庭的和睦。学生也说出对文中小不点"儿子"的评价，没有孩子的乖巧，一个家庭也无法和美。

笔者引导学生置身于生活情景中，多角度、多层面去理解作品，让学生感受亲情的多样和丰富。

（二）朗读与阅读理解相互依存

《羚羊木雕》和《散步》都是能很好训练朗读能力的课文。把朗读融入阅读理解中，使朗读始终贯穿于阅读理解的每一个环节，当朗读成为阅读理解的一个载体，那么阅读理解也会成为学生读出感情的一个手段。重视朗读，优化课堂教学。

《羚羊木雕》的朗读训练：品读示范—分析语气—自由朗读—学生范读。

妈妈：放在哪儿了？拿来我看看。（十分严厉）要说实话……是不是拿出去卖了？

我：没有卖……我送人了。（声音发抖）

妈妈：你现在就去把它要回来！那么贵重的东西（坚定地）怎么能随便送人呢？要不我和你一起去！

我：不！（哭着喊了起来）

《散步》的朗读训练：下面请大家速读课文，与你的同桌共同找出你们认为写得最美的语句，并大声读出来。附文中的妙语："她现在很听我的话，就像我小时候很听她的话一样。"这句话写母子关系，母亲明理，儿子孝顺，相映成趣。"我的母亲虽然高大，然而很瘦，自然不算重；儿子虽然很胖，毕竟幼小，自然也轻。但我和妻子都是慢慢地，稳稳地，走得很仔细，好像我背上的同她背上的加起来，就是整个世界"，这句话含义深刻，它以轻衬重，突出了"尊老爱幼"的重大意义，还写出了中年人已意识到自己责任的重大，正在继承和发扬"尊老爱幼"的优良传统，谱写社会主义精神文明的新篇章……

　　一堂优秀的语文课应该调动学生的自主性，让学生去读。把课堂交给学生，把空间留给学生，把时间还给学生，把精彩让给学生。语文是什么？语文是听、说、读、写。语文不仅具有工具性，还具有人文性。语文是炫目的先秦繁星，是皎洁的汉宫秋月，是庄子的逍遥云游，是魏王的老骥伏枥，是诸葛的锦囊妙计，是君子好逑的《诗经》，是魂兮归来的《楚辞》，是李太白的杯中酒，是曹雪芹的梦中泪，是千古绝唱的诗词歌赋。我们应该培养学生的情感、能力，让学生学习语文，用语文解决问题。语文教师们，让我们多创造这样的语文课吧，我们的学生会得到比分数更珍贵、更永恒的东西！用一颗朴素、执着的心灵去面对学生，使自己成为麦田里快乐的守望者，让自己成为一个有个性、有魅力的语文教师，去不断追寻语文教育的境界吧！

学校语文教学问卷调查报告

石漫东

摘　要：针对近几年语文学科不为家长重视、提不起学生兴趣的现状，我们进行了一次问卷调查。根据调查结果，反思我们的课堂教学，从而得出一些语文教学的启示。

关键词：语文教学　问题调查　启示　思考

近几年来，语文的学习越来越不为学生甚至家长所重视，学生上语文课提不起兴趣，甚至在大多数学生眼里，语文课可有可无、无足轻重。我们的课堂教学中主要存在哪些优势和问题？什么样的课堂学生既喜欢又富有实效？什么样的课堂才值得我们给予高的评价？带着这些问题，我组教师利用课堂和课间、晚自修等时间对初一、初二四个教学班的学生学习语文的情况进行了一次问卷调查。我们从 300 份问卷中随机抽查 150 份做统计和分析。

一、语文教学中相关问题的调查数据

（一）关于语文学习主观性问题的调查

（1）学生喜欢语文课的原因：认为学语文有意思，感到语文学习内容不难，对学好语文有信心占 20%；认为语文教师教学认真，讲解清楚，方法得当，教学水平高占 51%；认为是受成绩好的同学影响占 2%；另外有 27% 的学生不知道原因。

（2）觉得语文学习中最薄弱的内容是"作文"的占 32.4%；认为是"古诗文"的占 31.9%；认为是"现代文"的占 24.5%；认为是"语文基础知识"的占 11.2%。

（3）认为语文学习对于一个人成才重要的占 64.5%；认为只是一般的占 24%；认为不重要的占 4.3%；而不知道有无作用的占 7.2%。

（4）学生认为影响课外阅读的原因是"负担过重，没有时间"的占 71%；"没有书籍来源"的占 13.1%；"根本不感兴趣，不如看电视或上网"的占 15.9%。

（二）关于师生教学双边活动情况问题的调查

（1）对于教师的提问，学生的反应是"独立思考并积极发言"的占 9.2%；"认真思考后不愿举手回答"的占 51.3%；"怕被提问，等待教师或同学答案"的占 17.4%；"积极与同学讨论交流、思考"的占 10.7%；"当课堂气氛热烈时，也曾跃跃欲试"的占 11.4%。

（2）学生上课的思维状况是"紧跟教师"的占 58.5%；"带着疑问听讲"的占 29.3%；"自己思考"的占 12.2%。

（三）关于语文学习过程中不同活动问题的调查

（1）学生觉得怎样的作文教学收获更多："佳作引路"占36%；"写作前思路指导"占51%；"教师单独辅导"占4.5%；"教师指导学生修改文章"占8.5%。

（2）教师批改作文后，学生怎样对待：只看分数的占10.5%；认真阅读评语的占62%；针对评语中的建议再修改的占27.5%。

（3）学生对书法训练的兴趣程度：喜欢的占30.5%；无所谓的占51.5%；不喜欢的占18%。

（4）学生对"课程标准"推荐名著的喜欢程度：喜欢的占17%；不喜欢的占21%；部分喜欢的占62%。

（5）学生如何完成读书笔记：看名著，认真完成的占49.5%；抄课本名著导读的占26%；上网摘抄的占22%；借同学的读书笔记抄的占2.5%。

（6）学生课余经常做的关于语文的活动：阅读的占81%；讲故事的占14.5%；成语接龙的占3%；其他形式的占1.5%。

二、对相关调查结果的分析与思考

（1）长期以来的应试教育使学生习惯于某种固定学习模式，形成一种保守心态。在语文教学中，学生的惰性和单向性积习已成常态。整个教学活动中教师占用了大部分时间，而学生只是处于极被动地位，自主性得不到体现。

（2）学生的被动接受导致的一个结果是无积极意识学习，只是为学习而阅读。而作文教学基本淹没于"错位"之中。

（3）学生习惯于接受教师安排的程序和知识点，习惯于做"忠实"的听众，缺乏独立的思维习惯，缺乏个性化的学习品质，没有强烈的探究欲望。

（4）学生的知识面狭窄，极须拓展且需要教师帮助学生加强课外阅读，立足于课堂，着眼于课外，实现从"语文小课堂"到"人生大课堂"的转轨过渡。

三、调查结果给语文教学带来的启示

当前，语文教学工作处于相对劣势地位，而面对千变万化的世界形势，为适应素质教育发展的需要，语文教学改革势在必行。针对现行语文教学中存在的弊病，应大力提倡语文教学智慧生成。

（1）从学生学习的内容获取知识的渠道和方式来说，当前语文阅读教学亟须一种开放势态，推动学生去关心现实、了解社会、体验人生，并积累一定的知识和经验。

（2）引导学生掌握学习方法，积极拓展知识面，培养学生良好的学习习惯。

（3）积极培养学生的质疑思辨能力，培养学生的提问和解疑能力。在课堂教学中，教师注意从"疑"入手，引导学生生疑、质疑、解疑，使学生不仅在阅读中识别信息、收集信息，还能筛选、评价、应用信息，从而充分调动学生的主体性和积极性。

（4）在教学中，应根据学生的年龄心理特征，以及学生由浅入深的认识规律，由易到难、由简到繁，有目的、有计划、有步骤地引导学生学习。

爱因斯坦说："提出一个问题往往比解决一个问题更为重要。因为解决问题，也许仅是一个数学或实验上的技能而已。而提出新的问题、新的可能性，从新的角度去看旧的问题，却需要有创造性的想象力，而且标志着科学的真正进步。"只要我们面对现实，找准位置，在语文教学中不断生成智慧，就一定能走出一片属于自己的新天地。

推开作文教学幸福的大门

李丹妮

摘　要："作文"是语文实践性很强的一项教学活动，教学中要注重培养关注社会、富有境界的"写作人"，引导学生倾听生命的脉搏，感受阅读的幸福，点燃生活的激情，体验实践的幸福，让学生享受作文，让作文教学呈现勃勃生机，让作文面貌显露盎然春意。

关键词：作文教学　阅读　实践　评价

教育所面对的是一个个鲜活的生命，我们要培养有智慧、有知识、有思想、有文化、有教养、有活力的个体。曾经有关注教育的热心人士担忧，长期的实用功利主义、僵化的技术主义使原本活色生香的语文教育变得越来越枯涩，原本丰富多彩的课堂失去了感动和激情。所以，在教学中引导学生寻找人生的幸福尤为重要。

"作文"是语文实践性很强的一项教学活动，它可以载道、传情、思哲、达人。作文教学是传承优秀文化、培养良好的人文素养，唤醒灵魂、塑造人格的事业。教学中注重培养关注社会、富有境界的"写作人"，从而推开作文教学幸福的大门。

一、倾听生命的脉搏，感受阅读的幸福

读和写的关系如孪生姐妹般密切，只有得到阅读的"源头活水"，才能在写作中实现"清如许"的境界。

阅读是一种感知、一种领悟，阅读可以开阔视野、荡涤胸怀；可以扩大学生情感的领域，丰富学生内心的世界。阅读时，当心与心相通的时候，它就会引领我们走向幸福的世界。我们在阅读文学家的作品时，内心往往会涌动着波澜起伏的情感，那些晶莹剔透的文句直接触及我们灵魂的深处，产生情的喷发、心的感应。从文学大家的文章里可以读出灿烂的思想火花，像明亮的星宿，照亮幽暗的天宇，让我们的思想变得深邃，延伸到平时无法企及的领域。教学中，利用每一节阅读课，引领学生亲近文本，悟出文本的神韵，倾听大师生命的脉搏，与大师巨匠进行心灵上的交流，精神上的对话，和学生一起领略人世大智大勇的高贵品质，融合了人间大悲悯的博大情怀。阅读好的作品，就如同品佳茗、赏妙曲，思想可以在阅读中变得深刻，人格可以在阅读中得到升华，作文的幸福感也可以在阅读中自然地萌发、提升。所以我们组织了一系列的课外阅读活动，有紧张而兴奋的"国旗下的背诵"；有集"音诗画舞"于一身的"中华诗词朗诵演唱会"；有就某一主题进行的每月一次的"读书笔记"专题活动等。在这些阅读活动中，把文章的精彩之处品透铭记。

让一个生命的灵魂和精气，真正融入另一个生命的心灵，让血液带着生命的韵律缠绵

地流进另一个生命的海洋。胸有万壑凭吞吐，腹有诗书气自华，阅读是我们走向作文幸福之路坚定的磐石。让阅读成为一次发现的旅程，让学生在阅读中种下文化和道德的种子，在阅读中得到智慧的启迪、情感的陶冶、理性的辨析，获得作文灵性的指引和无穷的动力。

二、点燃生活的激情，体验实践的幸福

让作文课充满旺盛的生命力，焕发出迷人的色彩，还它应有的激越、飞扬，是作为一名语文教师一直躬耕不已的事。

（一）用爱燃烧激情

"作文"怕麻木不仁，也忌漠然置之，它需要有血有肉的热情。它需要对事对物、对人对己、对自然对社会的深沉的爱，当爱填满时，它可以让你沉醉其间，成就一道最为迷人的风景。喷洒激情使他们可以意气风发，指点作文，正如《沁园春·雪》的作者毛泽东，因对祖国大好河山的热爱，才有"江山如此多娇，引无数英雄竞折腰"的豪情；《珍珠鸟》的作者冯骥才，因对小动物的珍爱，才有"信赖，往往创造出美好的境界"的温柔；《散步》的作者莫怀戚因对亲人的关爱，才有"我背上的同她背上的加起来，就是整个世界"的真切挚爱；《岳阳楼记》的作者范仲淹因对天下苍生的博爱，才有"先天下之忧而忧，后天下之乐而乐"的博大胸襟。

所有的认知都是理智和情感相结合的产物，相比于成人，学生的认知更需要情感的支持，为学生提供一个民主、和谐、温馨的人文环境，倾注更多的人文关怀，激发起学生的情感渴望，点燃学生的心灵之花。如一片落叶，你可以看出它的诗意，可以看出它的哀伤，生活是靠内在心灵去感受，而并非借外在物质去促成，指引学生用豁达的心态看世间万物，纵使身处低谷，也能克服困难，成为生活中愉快幸福的人。

激情可以推动精神的升华，激情可以创造神奇瑰丽的生命境界。作文教育需要用爱点燃激情。"珍惜生命，热爱生活"，当学生懂得把情与理联系起来的时候，写作就会成为一种幸福的追求，那种幸福就如同湖滨的紫荆花，在欣赏者赞赏的目光中摇曳生姿。

（二）用心触摸生活

陶行知说："真教育是心心相印的活动，唯独从心里发出来的才能达到心的深处。"培养学生用心去体验生活、感悟生活，用情感意识去思考、去触摸生活，带领学生收集生活中的点点滴滴，有针对性地观察生活，分析五彩缤纷的生活现象，用细腻的心去寻找真善美的所在，将眼里的容颜、耳边的声音、心中的思绪，在心灵的过滤器里涤荡，探索潜藏在生活中的智慧与哲理，明辨生活中的真与假、是与非。如在以"成长历程"为主题的作文训练中，我们先组织学生组成采访小组采访身边的成功人士或自己崇拜的人（领导、教师、家人、朋友、同学等），并开展一次采访活动的汇报会，让学生们把采访的过程、采访对象的成长历程，以及采访的感受在会上与同学们一一分享，让学生一起感悟成长路上的春和景明，也体会成长路上的风雨兼程。在这次活动中，让学生感受生活的丰富多彩，感受生活的酸甜苦辣，感悟生活的内涵和真谛。学生的生活逐渐丰盈润泽，作文之源泉也

就汩汩而来！正如有位学生这样注释幸福："享受生活的过程，或喜或悲，都用心感受，你会发现，幸福像一朵淡蓝色的花，悄然绽放在心湖的灵动上。"

三、让学生享受作文，推开幸福的大门

美国著名教育家波尔默曾经说过："我们一定要记得一个简单的真理：人类的心灵不想要被别人'解决'，他只是想要被人看到和被人听到，人类的内心深处无不渴望着被心灵相通的人来关注和回应，否则，就会得到枯寂和孤独。"建立一个有更多的人分享和分担自己的快乐和忧愁的机制，让学生在写作中感到兴奋，感到幸福。

（一）异彩纷呈的作文活动

教学过程中，教师可以多为学生提供绽放生命之花的土壤，提升人生价值的舞台。例如：春天，让学生感受"春暖花开"的蓬勃生机，组织一次"我和春天有个约会"的主题活动，让学生在春天抒怀，感悟人生；夏天，带领学生到学校附近的西湖观赏映日的荷花，让学生诠释圣洁的花之君子如何能"出淤泥而不染"；秋天，把学生的习作汇编成册，分别放在"岁月的痕""心情碎片""点亮诗心""定位人生"四个小栏目中，让学生展示"春华秋实"的丰盈；冬天，课堂上的诵读比赛，年级组的演讲比赛、校际的辩论赛、市省级的现场作文赛，一个个独特的作文竞技台，让学生蓬勃的朝气洋溢出来，让血液带着生命的律动或诗意地，或深邃地流进彼此的心潭。作文分享中，让学生传递并品味生命中的真挚、美妙与崇高；作文分享中，获得充实感，获得快乐，获得自我实现的体验，这就是幸福。

（二）人文关怀的评价

一棵树苗的成长需要长久细心的呵护。教学中，我们面对的是有思想、有情感的独立个体，而学生的成长又是一个动态的、渐进的、复杂的过程，学生在作文中把自己的思想情感表达出来，我们就应该以人为本，欣赏他们思想的闪光点，理解他们心理的需求，同情他们学习生活中的苦恼，让学生体会到，教师始终在关注他们，是他们喜怒哀乐的最佳听众。摸准他们的心理脉搏，让他们体验倾诉的快乐与幸福。同时，以肯定和激励为主导，用悦纳的心态去欣赏，用发展的眼光去赞许，例如：①在平时的练笔中，可因人而异，对一些写作水平一般的学生可不吝啬分数，让他们对自己充满信心；②多使用鼓励性的评语，让学生发现自己写作的某一优势，扬长避短；③提出的改进意见，用词尽量委婉，以商量的口吻，使之容易接受。学生在作文过程中感受幸福、充满信心，自身的潜能就会充分发挥出来，创作的动力也会随之激发出来。

让作文教学呈现勃勃生机，作文面貌显露盎然春意，推开作文教学幸福的大门，幸福从此溢满心房。

初中数学教学反思和策略

潘春鸿

摘　要：教学反思是教师对自身教学的思想、内容和方法等进行审视和思考，从而有效促进教师专业发展的重要途径。教师在教学中要充分做好准备，并适时、不断地进行反思，及时调整教学策略，力求达到高效的目的。

关键词：数学教学　教学反思　教学策略　探讨

肖川在《教育的理想与信念》中讲道："一个有事业心和使命感的教师，理当作为教育的探索者，其探索的最佳门径就是从自我反思开始。"[1]近年来，随着新课程的实施，初中数学教学也正朝着更高的目标发展，教学当中需要更注重拓展学生的思维空间，提升学生思考问题的层面，以期待学生在掌握基本知识与基本技能的同时，能有创新的问题出现，这正是对现阶段教师知识水平、教学技术的挑战和考验。因此，作为教师，在起着架设知识的传承和创新的桥梁作用的同时，更希望从与学生的互动中不断得到思考与进步，同时也为了让学生在学习上少走弯路。所以，在教学中更得充分做好准备，并适时、不断地进行反思，及时调整教学策略，力求达到高效的目的。

反思是重要的教学活动，是教学活动的动力和核心，在新课改下初中数学教师进行教学反思是改进教学方式，提高教学质量的前提和关键。[2]教学反思，其实也很实在，就是教完想想，想后写写，思考自己在课堂上的得与失，对自己的某些固有观念、想法及教学行为进行重新审视，找出差距，寻出原因，拿出对策，再把自己的思考和分析写出来，以利于今后的教学，从而寻找到适合自己的经验知识。它的实质就是教师要敢于怀疑自己，善于突破自我、超越自我，不断地向更高的层次迈进。

一、课前反思

教师在上课之前，要先把之前的教案拿起来重新反思，思考上一届的学生在学这个内容时容易出现哪些问题，哪个内容学生比较难以接受，从而明确本节课上课前对教材内容的选取与舍弃、补充与延伸；对教学策略的选择和教学重点难点的思考；对教学内容的组织和教学过程的设计；对教学方法的确定和教学媒体的使用；对教学想象的设想和探究问题的筛选；对学生参与的预测和教学效果的初评，等等。例如，在上"三角形的内角和"这节课之前，教师可先对本节课的内容进行分析：三角形作为一种常见的几何图形，在学生已有的认知结构中已非常熟悉；本班学生对平行线判定及性质和平角定义这两方面内容掌握程度好，为探索定理证明方法奠定了基础；但是在定理的证明中必须添加辅助线，为什么及如何添加辅助线，若引导得不好，学生不独立思考就无法掌握辅助线的正确作法。

因此在上课之前，教师要特别注重在引导的方法上下功夫，从学生的动手操作把三角形的三个内角剪下拼合在一起，到联想到平角的度数为180度，再结合原三角形及平行线公理，最终得出辅助线的作法，即"过三角形的一个顶点作一条直线平行于第三边"。由于有了先前的准备，学生对这个辅助线的作法及接下来的证明都比较容易接受，教学过程顺利进行，也得到了预期的效果。教师的课前反思要关注学生可能存在的盲点及思想偏差，不要等到一节课上完了，发现问题再进行反思，这对学生来讲是一种损失。因此，课前的反思意识和反思能力，对教师的发展非常有益。

二、课中反思

有时候，即便你在上课之前准备得非常充分，也难以避免课堂教学中不可预见的因素。对教学中的偶发事件和突然出现的一些难题，教师应有一种教学机智，及时捕捉信息，及时反思，使教学高质高效地进行。例如，"降次——解一元二次方程（因式分解法）"一课中，在解一元二次方程：$x(x-1)=x-1$时，原先教师是预计利用这个特殊的方程式，挖好"陷阱"，引导学生出错，即"认为可以方程两边同时除以$(x-1)$对方程进行化简"，然后让学生对暴露出来的错误进行充分讨论甚至发生争论，最后得出"方程两边同时除以$(x-1)$，必须有$(x-1)$不等于0这一前提条件"的正确结论，这样不仅能够使他们牢固掌握正确知识，避免错误；更重要的是，在这一过程当中，激发了学生的学习兴趣，刺激了学生的学习欲望。但是教师万万没有想到，就在这个时候，有一名学生就站起来发言："老师，我是这样解答的：方程两边同除以$(x-1)$，解得$x=1$，经检验：$x=1$使得$x-1=0$，所以原方程无解。"理由就是"这是我们以前解分式方程的一般过程"，好多同学都认同了他的看法，此时，教师可先肯定地表扬他："不错，你可以类比地得到解答的方法，说明你充分地思考了问题并进行了前后的联系。"然后反问："你有没有发现这与前面的解分式方程的依据有何不同？"进而引导学生讨论思考，并对等式的基本性质进行复习，得出解分式方程的时候，方程两边同时乘以一个式子，即使这个式子等于0，等式依然成立，不会改变原等式的性质。但是如果两边同时除以一个式子，依据除数不为0这一要求，就不成立了。教师趁机再让这个学生进行总结，得出了解答这道方程的解法，并复习总结不同方程的解法区别，学生发言踊跃，这样既活跃了课堂气氛，又对内容的前后联系加深了理解，岂不是两全其美吗？这样的课中反思，有利于挖掘课堂教学深度，有利于学生多角度地理解数学思想，更有利于发展学生的求异思维能力和创新能力。当然，这对教师的知识体系及应对能力都有很高的要求。

三、课后反思

课后反思是课堂教学的升华，它要求教师在一节课后，对本节课从教学的不同环节进行再思考，在反思中找出问题，在实践中解决问题，进而提高课堂效率和质量。[3]课后反思是教师课堂教学自我反馈的一种好形式，更重要的是它还有利于进一步提高备课质量，促进教学内容更全面，教学设计更合理；有利于加强教学的针对性，及时发现问题，查漏补缺；有利于教师积累教学经验，提高教学水平。例如，在"直线与圆的位置关系"中讲到切线长定理时，教师可按照教材的安排，顺利地完成新课的教学任务，其实学生当节课

的内容掌握及利用还是不错的，但在后续的练习中，部分同学容易出现这样的问题：只记住了切线长定理中的前半部分即切线长相等，往往对于后面的"这点与圆心的连线平分两条切线的夹角"这一结论不能灵活应用，甚至有的学生在解答过程中还利用三角形全等对结论再证明一遍。课后教师要反思自己的教学过程，避免这一情况发生，通过翻查相关的资料及练习，发现可以从切线长及圆的一个完整图形是一个轴对称图形入手，引导学生通过图形寻找图形的一些相等的量（包括相等的线段，相等的角，相等的弧甚至是全等三角形），当然也包括切线长定理中的两个重要的等量结论，在寻找的过程中，学生经过独立思考，印象更为深刻，自然而然地对结论的记忆也就更为深刻。而在具体题目的解答过程中也能抽象出切线长及圆的那一个基本图形，对要证明的结论或解答的方向提供了思路，起到了事半功倍的效果。

美国学者波斯纳认为，没有反思的经验是狭隘的经验，至多只能形成肤浅的知识。只有经过反思，教师的经验才能上升到一定的高度，并对后继行为产生影响。他提出了教师成长的公式：教师的成长 = 经验 + 反思。叶澜教授也说："一个教师写一辈子教案，不可能成为名师，但一个教师写三年教学反思就可以成为优秀教师。"教师要不断进行教学反思，才能促进自身专业发展。

参考文献

［1］肖川．教育的理想与信念［M］．长沙：岳麓书社，2002.

［2］邢程．新课改下的初中数学教学反思［J］．数学学习与研究，2015（22）.

［3］唐福坤．浅谈课后反思在初中数学教学中的作用［J］．基础教育研究，2010（22）.

教师反馈对初中英语课堂教学的影响

黄　璇

摘　要：教师课堂教学反馈对学生学习兴趣、学习动机、自信心有很好的促进作用，教师要充分利用积极性口头课堂教学反馈营造良好的学习氛围，从而激发学生在课堂上的学习动机、学习兴趣，提高学习效果。

关键词：初中英语教学　教师教学反馈　影响　研究

教学反馈是师生互动的一种重要方式，也是提高教学质量、改进教学方法的重要途径。实践表明，初中英语课堂教师口头反馈对学生的学习兴趣、学习动机、自信心产生积极的影响。初中英语教师要重视课堂教学反馈。

一、教学反馈的文献和理论支持

教学反馈根据其功能一般分为两种类型：积极的教学反馈和消极的教学反馈。积极的教学反馈指的是对学生取得好的成绩给予积极的评价，其结果会提高学生的积极性。对于激发学生的学习动机来说，它比消极的教学反馈更有效。

美国著名心理治疗专家、人本主义心理学家罗杰斯（1983）认为：人类的认知活动通常伴随着一定的情感活动。如果情感是抑郁的，那么人类的自我创新潜能就得不到发展和实现。同时他还指出：和谐的课堂氛围是学生创造性自由表现出来的重要心理环境；不良的课堂氛围会对学生造成压抑感和不安全感。教师和学生之间的人际关系是关系到能否形成最佳学习气氛的最基本的要素。教师应该注意讲课的态度，用笑容来拉近师生间的距离，多使用积极正面的教学反馈，采取各种有效手段来创造一种情感过滤程度低的环境，以排除学生的心理障碍。[1]

二、研究对象以及方法

（一）分析研究对象

（1）本研究对象是潮州市高级实验学校的初二五班、六班、七班、十一班（下面分别以 C5、C6、C7、C11 表述）的学生。在第一个实验"问卷调查"中，分别在各班抽取某次单元考试90分及以上10人，80~90分10人，70分以下10人作为问卷调查对象。在第二个实验"个别访谈"中，分别在各班抽取某次单元考试90分及以上5人，80~90分5人，70~80分5人，70分以下5人作为个别访谈实验对象。

（2）所用的英语课本是新目标八年级下册。

（二）分析研究方法

研究的方法：包括问卷调查、个别访谈和课堂的实际操作，以及课堂观察（旁听记录）。

三、研究及讨论

（一）学生对教师课堂教学反馈的态度

问卷调查表明，大多数学生都认为教师的课堂教学反馈很重要（见表1）。这一点也可以在学生的个别访谈中体现。学生很倾向于教师的课堂口头教学反馈，尤其是积极的教学反馈。

表1　学生认为教师课堂教学反馈的重要程度

重要程度	100%	80%	60%	40%	20%	0%
学生	96	4	0	0	0	0

从上面的分析，不难得出结论：教师在课堂上给予不同形式的教学口头反馈，特别是积极的教学反馈，对于学生来说，是十分必要的。而且，从问卷调查中得知，学生都倾向于在课堂上得到教师的积极的教学反馈（见表2）。

表2　学生对积极的教学反馈和消极的教学反馈的倾向度

班级 ＼ 反馈	积极的教学反馈	消极的教学反馈
C5	86%	14%
C6	97.1%	2.9%
C7	93%	7%
C11	92%	8%

（二）积极的课堂教学反馈

1. 积极的课堂教学反馈

美国心理学家舒恩克的研究指出："如果想要学生保持较高的成功动机，就必须对他们的努力给予反馈，告诉他们努力获得了相应的结果，使他们不断感到自己的努力是有效的。"[2]心理学家泽尔勒曾经对两组学生进行记忆测验并给予不同反馈的实验也说明：愉快而热烈的情绪，能使人的大脑处于最佳活动状态。人在愉快的心情下学习，精力集中，记忆效果好。如在痛苦、烦躁不安的心情下学习，注意力涣散，记忆效果就会比较差。

也就是说在课堂上，非常有必要让学生感到成功的喜悦（见表2）。如果学生感受到自己的学习过程得到教师的肯定、鼓励、表扬，那么他们的学习动机就会更明确，学习动力和自信心就会更强。

2. 积极的课堂教学反馈与成绩量化分析

一方面，如果课堂气氛是放松的，教师给予较多的积极课堂教学反馈，那么可以预见的是学生上课的焦虑和紧张感就会减少甚至消失。与此同时，他们上课的自信心与动机将会很明确，学习的效果和成绩将会提高。另一方面，如果在课堂上，教师给予的是消极的课堂教学反馈，在教学过程中忽视学生的需要，比如说学生在回答问题时，教师一听到学生出错，便打断学生的回答而给予纠正，这样不仅打断学生的思维，而且也容易使学生产生紧张情绪，从而学习兴趣下降。针对这样的理论设想，教师可大胆地做积极的课堂教学反馈与某次单元考试成绩量化实验。下图将显示通过课堂实际操作和课堂观察记录，教师使用的积极的教学反馈与消极的教学反馈的频率。

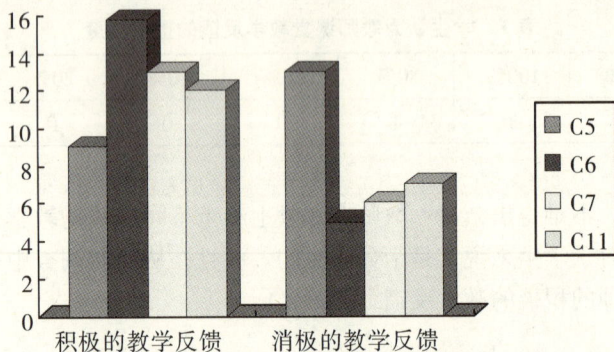

积极的教学反馈和消极的教学反馈教师使用频率

从上图可知，这四个实验班中，六班的英语教师使用了最多的积极课堂教学反馈，同时也是使用消极课堂教学反馈最少的。例如，在学生做完练习后，教师不但会给予学生"good""excellent"等积极评价，而且会针对性地指出学生的回答好在哪里。与此同时，面对学习有困难的学生在课堂上的表现，该教师通常会温和地说："It doesn't matter. I'm sure you'll do better next time."又如，五班的英语教师使用了最少的积极课堂教学反馈，并且使用了最多的消极课堂教学反馈。当学生出错后该教师只是告知学生答案，不予说明关于错误的原因。这样的反馈不够具体、清楚，学生无法根据它来调整自己的学习行为。

因此在表3中，我们能看到积极的课堂教学反馈与成绩量化之间的关系。正如Ayoun所说的："情感与认知相辅相成。"如果缺乏积极的情感，学习者的认知能力就会大打折扣。在六班中，我们可以针对表格的量化分析看出，六班的90分及以上的人数最多，不及格的人数最少。相反，五班的90分及以上的人数是最少的，并且不及格的人数是最多的。教师的教学口头反馈是影响学生情绪的一个因素，而学生的情绪是影响学习成绩的一个因素。我们通过表3的实验证明，教师的积极教学口头反馈是影响学生学习成绩的一个重要因素。

表3　积极的课堂教学反馈与某次单元考试成绩量化分析

Score	≥90	80~89	60~79	<60
C5	32%	28%	25%	15%
C6	46%	38%	13%	3%
C7	43%	37%	16%	4%
C11	38%	36%	18%	8%

因此，从这次单元考试成绩量化分析中我们可以得知，在英语课堂上，教师口头课堂教学反馈影响着学生的学习兴趣、学习动机、自信心，进而影响着学生的学习效果和成绩。当教师使用更多的积极教学反馈时，不仅使学生投入更多的学习兴趣到学习中，拉近师生的情感距离，而且在课堂上，创造了良好的教学氛围，有利于帮助学生提高学习效果和效率，进而提高学习成绩。

四、结论与建议

通过本次案例分析，结合问卷调查、个别访谈等研究方法，可以得出，教师在课堂上对学生的回答做出积极的课堂教学反馈是非常有必要的，其实这也是很多学习成绩较差的学生所期望的。为了建立更加和谐的师生关系，创造一个良好的英语课堂氛围，充分调动学生的学习动机、学习兴趣，进而提高学习效果和成绩，在教学上应适当注意以下两个方面：一方面，教师必须改变传统的教学观念，采用合理纠错方式。通过适度表扬、鼓励、肯定来激发学生的学习热情、学习兴趣、学习动力。从问卷调查结果可知，大多数学生都不希望教师当众纠错。因为当众被教师纠错，会使学生产生一种消极心理，从而害怕在课堂上发言。因此，教师在英语课堂上，应该针对性地对学生的学习过程给予肯定、鼓励、表扬，而不是当面打断学生回答，或者批评。所以教师在纠正学生的学习错误时，可以将两者有效结合，一是从情感上对学生当前的语言交流表示认同，二是要把否定的认知反馈信息传递给学生。另一方面，从以上的实验中可以看出，教师在英语课堂上，除了要做到有效的课堂积极反馈，更要使教学反馈具有适时性、启发性、激励性和具体性。

（一）适时性

教学反馈的使用，一是要遵循其适时性。也就是说，如果学生在课堂上回答正确了，教师应该立即给予肯定、表扬、鼓励，以此来增强其自信心，提高学习的兴趣。如果学生在课堂上回答错误了，那么教师在给予适当鼓励后，要立即告知学生正确的答案，消除错误的知识体系。

（二）启发性

教学反馈要做到的第二点特性就是启发性。那么，如何启发学生呢？例如，学生回答不出问题时，教师就要用启发性的语言来启发学生思考，帮助学生理清思路，找到答案。教师的启发性教学反馈，可以帮助学生更好地理解知识体系，加深印象。

（三）激励性

教学反馈要做到的第三点就是激励性。教师要通过自己的表情、语言、神态、身体语言等多给学生一些热情的鼓励，少一些惩罚。对差生和缺乏自信的学生更应做到这一点。学生在答不出或出错时教师说一句："It doesn't matter, Think it over and try again" 或 "If you are more careful, you can do it better"，这些做法都会使学生消除紧张情绪，使他们怀着良好的心态继续听讲，积极参与语言学习的实践活动。

（四）具体性

教学反馈要做到的最后一点就是具体性。在课堂上，如果学生回答错了，教师不但要做到适时地、启发地、激励地给学生进行反馈，而且这种教学反馈应该是具体的。学生的回答，为什么是错误的？哪里出错？都应该给予其具体的指示。这样，才能帮助学生更好地理解知识，建立正确的知识体系。

创造一个良好的英语课堂氛围，充分调动学生的学习动机、学习兴趣，增强学生学习英语的自信心，对于提高学生的学习效果和学习成绩是非常有必要的。

参考文献

［1］DALILA AYOUN. The role of negative and positive feedback in the second language acquisition of the passé compose and imparfait［J］. The modern language journal, 2001（85）.

［2］D. HSHUNK. Corrective feedback and teaching style：exploring a relationship. In Moon, J and NiKolov. M（Eds）, Researching into english teaching for young Learners, 1982.

浅析如何在初中思想品德课程教学中渗透美育

庄漫珊

摘 要：美育教育对于培养学生健康的审美观念和审美能力，陶冶高尚的道德情操，培养全面发展的新人，具有重要作用。在初中思想品德课程教学中，美育教育的渗透要贯穿整个教学过程，以提高学生的德育素养。

关键词：思想品德课 美育教育 渗透 探析

审美教育，又称美育，是借助自然美、社会美和艺术美的手段培养人具有正确的审美观点，高尚的道德情操和感受美、鉴赏美、创造美的能力的教育。它从审美角度，通过人们对现实的审美观察，在审美实践中，陶冶人们的情操，美化人们的心灵，丰富人们的精神生活，启发其自觉性，提高人们对于美的感受、鉴赏能力，从而使人们自觉地遵循美的原则，发挥其创造能力。美育教育着眼于保持个体精神的平衡、和谐、健康，使情感具有文明的内容，促进理性和感性的沟通，使之协调发展。美育是通过精神和谐来维护人与人之间的关系。它的根本任务是培养社会主义全面发展的新人。美育教育就是培养学生对自然美、社会美和艺术美的欣赏能力和审美观点的教育。

一、初中思想品德课教学中渗透美育的重要意义

首先，美育教育对于培养学生健康的审美观念和审美能力，陶冶高尚的道德情操，促进其全面发展具有重要作用。美育教育应当培养学生独立思考的能力，使他们善于表达自己的情感，有敏锐的洞察力和丰富的想象力。同时站在全面提高国民素质的高度，美育也应面向全体学生，全面提高学生的思想道德、文化科学、劳动技能和身体心理素质，促进学生生动、活泼、健康发展。

其次，美育是完美人格得以成立的基础。苏联著名教育实践家和教育理论家苏霍姆林斯基曾经说过："美是道德纯洁、精神丰富和体魄健全的有力源泉。美育最重要的任务是教会孩子能从周围世界（大自然、艺术、人们的关系）的美中看到精神的高尚、善良、真挚，并以此为基础确立自身的美。"[1] 所以，美育教育主要是对学生感知、想象、情感、理解等心理能力的提高和相互协调，使他们在自由、平等、和谐、互助的状态中，自主吸收所需能量，培养敏锐的感知力、丰富的想象力和透彻的理解力以及艺术的创造力。

最后，美育教育可以对初中学生的青春叛逆行为给予正确引导。初中学生大多处于青春叛逆期，自我意识逐渐增强，反叛意识较为强烈，受社会、媒体、网络等多方面的影响容易接受反向思想，造成初中学生的行为思想与学校、家庭和社会的和谐发展相悖，根据学生生理、心理特点，进行美育渗透，激活课堂，可以促使学生在学习实践中养成良好的

心理素质和道德品质，成为一名具有美德的人。

　　研究美育教育在初中思想品德课教学中的渗透，促进学生提高学习思想品德课的兴趣，促使学生在学习实践中养成良好的心理素质和道德品质，成为一名具有美德的人具有较强的现实意义。通过美育教学，能够使学生形成善于观察、做事细致认真、乐于体验生活、接近社会实际的个性特征。

二、在初中思想品德课教学中渗透美育的具体措施

　　要想做好美育教育，就要以校本课程开发为载体，以艺术教育为龙头，以美育的基本原理为依据，树立美育观，充分发挥课程美育、课堂美育、社会美育、自然美育的作用，以人为本，将审美教育、知识教育和思想教育结合起来，以美陶情、以美辅德、以美益智、以美健体、以美促美。在实践中形成环境布置体现美，学科教学渗透美，课外活动感受美，亲身实践创造美，行为习惯检验美的运行机制，形成学校美育特色。蔡元培一语道破美育的关键："美育者，应用美学之理论于教育，以陶养感情为目的者也。美育者，与智育相辅而行，以图德育之完成者也。"[2]

（一）领略自然美

　　思想品德课教材图文并茂，课文中的很多插图向学生展示了祖国大自然的美丽风光：辽阔的草原、巍峨的山脉、茂密的森林、碧绿的湖水、奔腾的江河、浩瀚的海洋，各有其美的特色。教学中，教师可充分利用这些大自然的美景对学生进行思想教育。例如《长江之歌》是1984年中央电视台拍摄的电视纪录片《话说长江》的主题曲。在讲授八年级上册"欣赏与赞美"这一课时，以此为切入点，配上此片当年主持人陈铎和虹云极富激情的解说词，以及精美的画面，给学生营造一种激昂的气氛。将长江的惊涛骇浪，以及奔腾气势展现在学生面前，给予他们视觉上的感知，调动他们学习的积极性，由衷发出对祖国的赞美。

（二）以情感之美，感动学生

　　审美情感不同于一般的情感，美的感受可以帮助人跨越一切障碍，也能让个人的意志和情感得到升华统一。因此，美育的情感性决定了美育一定要以情动人，只有提高情感修养，才能获得更好的审美享受。政治课从本质上说是德育，从具体学科知识上说是智育。然而，德育不只是正面灌输，智育也不仅是知识传授，它们同样也是一种艺术，需要情感的交流和建立融洽的师生关系。例如，在讲授"换位思考"这一知识点时，教师可与学生进行角色互换，让学生站在讲台上讲课，从而让学生真切感受教师讲台上传授课程的心情，让学生能够体验到教师的辛苦，了解教师授课的目的，这样可以更好地融洽教师与学生的关系。此外，教师和学生还可以通过淡化角色的方式，避免过于严肃，学生也不再只是听课者，双方可以像朋友一样交谈，从而对课本上的知识点进行阐述分析和交流，教师和学生在一问一答中进行教学内容，让学生能够实实在在获得审美享受，最终理解教师，热爱学习。

（三）以创造之美，启发学生

美育的最终目的是创造美，在思想品德课教学中，培养学生创造性思维的手段可以是多方面的。一方面，教师要注意营造和谐、平等的课堂氛围，使学生敢想、敢说。另一方面，教师应欣赏学生创造性的见解，引导学生善于随机应变，转换策略。当学生的质疑、自我解疑经常受到教师的鼓励时，他就会由衷地感觉到创造之美，进而形成一种创造性的思维模式，在以后的学习中倍感轻松和愉快。

（四）以教师行为之美，感化学生

教师的外表包括个人卫生、着装、饰品佩戴与妆容等。教师的行为包括教师的站姿、坐姿、走姿、目光、微笑、手势等。教师在课堂教学中，除了利用理想、智能、品德、情操、意志去教育和影响学生外，仪表风度也是一种重要的教育因素。教师总是作为一个综合整体，作为一个审美客体展示在学生面前，存在于学生心目中。教师的仪表风度直接体现在课堂教学当中，作用于学生的心灵，影响教育效果。

（五）重视美育课题

教师要认真钻研教材，善于挖掘其中的教育因素，结合学生特点，选取历史或现实中的典型事例，开展各种灵活有效、寓教于乐的活动，积极做好思想道德素质教育工作。鼓励并引导美术教师积极参与科研工作，在课程改革和美术教育的实践中不断总结、探索，以针对性和实效性为宗旨，开展美术教育科研，提高自身的研究能力和科研素质，开创有实质性的课题研究。

在思想品德课教学过程中，要让学生感受到美无处不在、无时不在，通过美的感官刺激影响学生的思想和言行，让学生在接受教学的过程中，潜移默化地认同美的价值，并自觉自愿地去按照审美要求和标准思考、做事，最终让学生朝着德育体美方向全面发展。

美学教育是一个系统工程，加强中学生美学教育，不仅是学校的事，还需要社会各界一起来关心和支持。推进素质教育，促进学生身心发展，改善德育和美育的薄弱状况，为造就"有理想、有道德、有文化、有纪律"的德智体美等全面发展的社会主义事业的建设者和接班人奠定坚实的基础。

参考文献

［1］苏霍姆林斯基．给教师的一百条建议［M］．周蕖，王义高，等译．天津：天津人民出版社，1981．

［2］蔡元培．美育人生［M］．南京：江苏文艺出版社，2011．

初中思想品德课重视时事教育的途径探讨

邱一虹

摘 要：在思想品德课中渗透、重视时事教育，对青少年的健康成长非常重要。教师只传授书本的知识是不够的，更重要的是引导学生关注周围的生活，关注国家的发展和社会的进步，激发学生心中的斗志，使其成为适应时代发展需要的高素质公民。

关键词：思想品德课 时事教育 途径 探讨

粤教版的九年级《思想品德》（全一册）教科书，有机整合了国情、心理、道德和法律等内容，帮助学生认识社会、了解国情、提高建设祖国的使命感。为了更好地完成本册书的教学工作，教师只传授书本的知识是不够的，更重要的是引导学生关注周围的生活，关注国家的发展和社会的进步。这就需要学生搜集、了解各种时政新闻，更多地去接触社会，感受、体验生活中的发展变化，提升自己的认识，达到知行统一。因此在思想品德课中渗透、重视时事教育，对青少年的健康成长非常重要。

一、渗透、重视时事教育的必然性

（一）时事教育是思想品德课程性质的必然需要

教师应引导学生时刻了解和关注当前的时事新闻，包括国内外重要大事、社会热点问题，把握时代的脉搏，认清我国21世纪社会发展的趋势，为社会发展献计献策。

（二）时事教育是新课程改革的必然需要

教师引导学生关注时事新闻，放眼世界，了解我国政治、经济、文化、科技、军事等方面在世界格局中的地位，认清差距，把握好时代赋予青少年的使命，认真学习，打好基础，抓住机遇，迎接挑战，才能争做祖国需要的人才。

（三）时事教育是中学生形成健康社会心理的必然需要

学生开始渴望接触社会、渴望独立，对社会、国家的事情非常感兴趣，充满强烈的好奇心，对一些社会现象总想看个清楚，问个明白。但由于部分学生的是非辨别能力比较差，学生的人生观、价值观还没有形成，很容易受社会上不良现象的影响。对社会的不良现象，容易产生偏激的心理和想法，这就需要教师用正确的舆论引导学生，避免产生盲目崇拜或仇恨、偏激等不良社会心理。

二、渗透、重视时事教育的做法

在政治课教学中，时事教育除了在课程中进行渗透，还可专门开展课前 5 分钟进行时事发布与评论活动。学生选择当天或近几天的新闻，每个学生都参与搜集、讲述、评论。轮流展示，教师适当及时地进行引导和点评。

（一）成立学习小组

把全班学生分成若干小组，每组 8 人左右。每组由学生选出 2 名代表分别承担讲述和评论任务，而其他成员就负责搜集、整理时事新闻，成员间要相互配合和协调，小组成员与小组间轮流进行。

（二）适当及时地进行指导、点评

时事评论活动要发挥学生的主体地位，而教师在这个过程中只是起到引导的作用。首先，教师要指导学生搜集资料，还要教育学生讲述、评论时事要注重新闻的时效性、准确性和真实性，而评论新闻应从多角度进行，如从国家、公民、法律、道德角度等进行全面的论述；其次，教师自己要精心准备，熟悉并能精炼、准确地点评近段时间的新闻；最后，教师要预测课堂上学生评论时可能发生的情况，制订解决方案，以及需要采取的措施。

（三）稳步、扎实地推进时事讲评活动

时事讲评活动要稳步、扎实推进，起初不可太急，没必要也不可能一开始就要求学生的评论达到高水平、高水准，而要分阶段实现。可先让学生照着稿读，然后慢慢让学生脱稿；先让学生直白表述，然后慢慢让学生激情演绎；先让学生用自己的观点点评，然后再慢慢让学生结合课本知识点点评。通过稳步、扎实地推进时事讲评活动，相信学生的时事评论会越来越精彩。

采取必要的激励措施。为了调动学生的积极性，增加活动的趣味性，保证讲述和评论时事新闻有序进行，我采取的奖励机制是积分制。讲述分四个等级，分别是优秀（4 分）、良好（3 分）、一般（2 分）、较差（1 分）；评论同样分四个等级，分别是优秀（4 分）、良好（3 分）、一般（2 分）、较差（1 分）；补充评论适当加分。每次计分、积分由课代表担任。奖励评比：每月评比一次，评最佳讲述奖、评论员奖、最佳小组奖。奖励形式：该积分归入期末思想品德总评成绩，学期末采取适当的奖励，如颁发奖状、奖励笔记本和笔等。

三、渗透、重视时事教育的意义和实践

（一）渗透、重视时事教育有助于学生关注社会生活

陶行知先生说过："生活是教育的中心。"在了解时事新闻的过程中可以使学生自然而然地关注社会、关注生活。如讲到"发展社会主义民主"时"为了更好地保障人民实现

当家做主，国家大力推进社会主义民主政治建设"，结合"2011 年 2 月 27 日，国务院总理温家宝第三次来到中国政府网和新华网访谈室，接受中国政府网和新华网联合专访，同海内外网友进行在线交流，听取网友对政府工作的意见和建议"的时事新闻向学生进行讲解。通过在课堂上用时事新闻进行讲解的方式，让学生真实感受到人民当家做主的途径和形式多种多样，以及如何保障人民享有知情权、参与权、表达权和监督权；让学生真实体会到党和政府如何对人民负责和全心全意为人民服务。为了让学生掌握课本的知识点，还开展了模拟和总理网上交流的活动，让学生向总理提出自己最关心、最现实的问题或社会现象，并对此发表自己的看法或意见，引导学生如何行使自己的民主权利，当好国家小主人。通过上述新闻展示和模拟活动，鼓励学生走出书本，走进社会，关注生活，开阔视野，拓展思维，从社会中汲取综合的多方面知识，从而获得思想和精神力量。通过引导学生走出书本，鼓励学生积极参与健康社会生活等，能有效地促进学生道德内化，促进学生提高自身品德，促进未成年人与社会的和谐发展。

（二）渗透、重视时事教育有利于提高学生的综合能力

如讲到"抓住机遇·迎接挑战"中的"中国面临的机遇和挑战"时，结合 2011 年中国加入世界贸易组织 10 周年的热点时事，展示中国入世前后的变化。通过多媒体播放让学生了解到中国入世后一个又一个的变化，既培养了学生关心和热爱祖国的情感，也增强了学生的民族自尊心、自信心和自豪感。同时又向学生提出问题："请总结入世 10 年给中国带来了哪些变化？中国入世 10 年的经验教训对我国今后的发展又有哪些启发？"引导学生带着问题进行信息搜集、提炼、分析、归纳，在这个过程中培养了学生的观察力、分析问题、思考问题的能力。学生通过合作探究，在评析中踊跃发言，既展现自我，又活跃了学习气氛，同时也激发了学生的学习兴趣和学习积极性，培养了学生的创新意识和创新能力。

（三）渗透、重视时事教育有利于学生形成正确的人生观、价值观、世界观，增强社会责任感

现代社会是一个信息交流迅速的社会，学生在接触社会、接触计算机网络信息的过程中，社会生活中各种截然不同的文化观、利益观、道德观、价值观不可避免地会对学生的意识、生活等各方面产生影响。所以如何利用正面新闻，特别是新闻人物对学生进行正面教育尤为重要。有一次学生收集"最美中国人""中国好人""第三届全国道德模范评选表彰颁奖典礼"等新闻素材，通过讲述一个个最美中国人、中国好人及道德模范的事迹，深深感动了学生们。教师应及时有效地借助一个个良好的契机加强对学生进行思想道德素质教育，从而引导学生形成正确的人生观、价值观、世界观，增强社会责任感。学生也能慢慢从校园生活、家庭生活和社会生活中去感知、反思、探究相关的知识，利用自己所了解的人物事迹、所掌握的知识去指导自己解决问题，进而帮助别人解决问题，有利于学生明辨是非，树立社会主义荣辱观，关爱社会，树立公民意识，形成健康的人格和良好的道德品质。

新时代的学生不应再是"两耳不闻窗外事，一心只读圣贤书"，而应该做到"家事国

事天下事，事事关心"。只有了解和关心国家、社会的时事新闻，走进社会，了解社会，才能激发学生心中的斗志，成为适应时代发展需要的高素质公民，为更好地服务社会、奉献社会做好准备。

参考文献

蔡汀，王义高，祖晶．苏霍姆林斯基选集［M］．北京：教育科学出版社，2001．

借力美育，给予思想品德课堂正能量

刘家真

摘　要： 初中思想品德课中蕴含着理想美、道德美、人格美、伦理美、责任美等因素，在初中思想品德课堂中渗透美育教学，能够给思想品德课堂带来无限的正能量，进而使学生的人格完善和能力提高。思想品德课教师要借力美育功能，传递真善美的思想，传递正能量。

关键词： 思想品德课　美育教育　渗透　探析

美育又称美感教育或审美教育，是运用艺术美、自然美和社会生活美培养受教育者正确的审美观点和崇高的审美理想及感受美、鉴赏美、创造美的能力的教育。美育是人类全面发展教育的重要组成部分，是人类实现自我发展需要的重要途径之一。《中国教育改革和发展纲要》第 35 条指出："美育对于培养学生健康的审美观念和审美能力，陶冶高尚的道德情操，培养全面发展的人才，具有重要的作用。要提高认识，发挥美育在教育中的作用，根据各类学校的不同情况，开展形式多样的美育活动。"初中思想品德课中蕴含着理想美、道德美、人格美、伦理美、责任美等因素，如果在初中思想品德课堂中渗透美育教学，能够给思想品德课堂带来无限的正能量，使学生的精神正直，良心纯洁，情感和信念端正，群体意识和社会责任感不断增强，进而完善自己的人格，达到全面、和谐的发展，为建设更加美好的未来不懈努力和奋斗。基于美育的这种美好功能，我们政治教研组近年开始进行有关美育在思想品德课中的渗透研究，并在课堂教学中努力实践，取得了一定的成效。现将几位教师的教学片段进行重现和分析，谈谈我们的经验和反思。

一、案例描述与分析

【案例一】

此案例是潮州市高级实验学校八年级一位教师的一节美育课题研究课，讲授的内容是粤教版"关爱社会"第二课时"社会公益我有责"。其中有这样一个片段：

教师出示探究问题：我们应该如何培养亲社会行为？（要求学生边看教材边思考）接着抛出以下几个问题：

师：你是否参加过社会公益活动？

生1：有。我参加过保护母亲河（韩江）的活动，还上街打扫卫生呢。

师：（掌声）同学的掌声就是最好的答案，参加社会公益活动值得称赞。

师：我们学校有没有志愿者组织呢？

生2：有，"情系湖山"志愿者服务队。

师：你有没有参加我们学校的志愿者组织？

生3：有/没有。

师：我校的志愿者服务队做了哪些实事？

生4：到福利院为老人做好事，为空巢老人募捐。

生5：关爱灾区儿童行动，为患白血病同学募捐。

师：我校的志愿者活动秉承着什么精神来开展的？

生6：无私奉献、不求回报的精神。

师：对。希望大家能够积极学习志愿者精神，让我们的志愿者服务队能够多为身边的同学及社会做实事、做好事。最近，我校正在创建绿色校园。为此，作为一名学生，你将如何以实际行动为创绿做出贡献？

学生争先发言，有的认为我们要爱护花草树木，要节约用水；有的认为在食堂不能使用一次性汤勺；在教室里尽量少开空调，做到人走灯灭……

也有一位学生提出：宣传环保知识，叫校长不能开汽车来学校。

学生的这句话一出，全班学生突然把头转向后面，用好奇的眼睛打量着听课教师，上课教师随即说："这位同学提出的问题很好，我们要知道创建绿色校园人人有责，我们是否设计一份倡议书，不仅倡议校长和教师们少开汽车来学校，而且倡议我校学生上学、放学不坐私家车，自己骑自行车或坐公共汽车。你们也许不知道，我们的校长平时是骑自行车上班的，只有要办公事时才使用汽车。"

生：（掌声）

师：综上所述，我们应该如何培养亲社会行为？

生：要积极参加社会公益活动，服务社会，奉献社会；要积极加入志愿者行列，有所作为，从现在做起，从身边的小事做起；增强社会责任感，树立回报社会意识；关注社会发展，关心国家大事……

案例分析：对这节课，参加听课的教师都持肯定的态度，认为是一节成功的公开课。本节课坚持"在体验中感悟，在感悟中成长"的教学理念，采用多种教学方式，师生互动，生生互动，在平等的交流中完成教学目标。同时指出，这节课教师的教学基本功扎实，语言流畅，教态亲切，在学生面前有很强的亲和力，并能很好地借助学生的情感体验，巧妙运用学生动态生成的资源，既对学生进行社会责任意识的教育，同时又使学生落实了具体的责任行动。值得一提的是，这节课的课堂教学力图建立在尊重与信任的基础上，建立在宽容与乐观的期待上，让学生体会到一种做人的尊严、一种心灵的自由和幸福，这正是我们所倡导的美育教育。

【案例二】

此案例是潮州市高级实验学校一位教师在2011年11月参加的潮州市青年教师观摩课比赛。该教师的参赛主题是粤教版八年级的"竞争，前进的动力"。为了让学生更好地理解竞争的积极作用，该教师有意创设情境，现选取其中一个片段：

师：刚刚班主任告诉我，需要在我们班借用 40 本数学课本，请四个小组同学配合一下，每个小组收 10 本课本，组长帮忙凑齐交给老师。

生：（感觉很惊讶，怎么现在正在上政治公开课，老师突然来借数学课本，很不情愿地掏出课本并凑齐给老师）

师：刚才最快的小组用了 46 秒的时间收了 10 本课本。（教师在黑板上写上 46 秒）

师：现在我告诉大家，每个小组请用最快的速度帮我收齐 10 本课本，看看哪个小组用的时间最少。

（动作很迅速的配合完成）

师：这一次最快的小组用了 24 秒的时间来完成任务。（教师在黑板上写上 24 秒）

师：两个不同的数字说明了什么？

生：竞争是前进的动力。

接下来，学生对竞争的积极作用的掌握成了顺理成章的事情，教师和学生在轻松愉快的氛围中顺利地完成教学任务。

案例分析：这节课中，教师用他的聪明才智，特意创设了两个对比的情境，让学生在亲身体验中感受竞争的积极作用，当然也就收到了预期的效果。该教师是一名富有朝气，具有民主意识和创新意识的教师，当他提出班主任老师要借课本时，连教室后面的评委也觉得很突然，这个情境的创设也就成了这节课的一个亮点，该观摩课被评为市级观摩课一等奖。

二、案例反思与感悟

从上述两位教师的案例及评价的情况来看，两位教师的课是成功的。这些成功的课例给我们留下了很多的反思与感悟。

反思一：课堂教学应发挥教师自身魅力，把握情感因素，让学生在心灵颤动中形成德性，从而传递思想品德课的正能量。

列宁说过："没有人的情感，就从来没有也不可能有人对真理的追求。"思想品德课从本质上来说是德育，从具体科学知识上说是智育，但它们不只是灌输，也是一门艺术，需要情感上的交流。上述两位教师语言简洁、精炼，教态亲切、自然，注重教学民主性，以心交心，对学生的发言能加以引导、鼓励，让学生按自己的思维去理解问题，按自己的理解去解释社会现象，教师对学生提出的偏激问题，能以宽容和蔼的态度对待，不是简单地加以否定，而是与学生进行交流、对话，力图打开学生的思维，释放学生的灵性。可以说两位教师用自己美的语言、美的形象、美的德性去感染学生，借助美的规律，运用美的因素引发学生学习的兴趣，并以情感为纽带，以情养情，由情及理，做到"寓教于乐""美善相乐"。

可见，课堂教学能否传递正能量，关键在于教师能否转变教学理念，树立课改观念，尊重生命平等，努力营造教学民主，以情养情，以情动情，把思想品德教育寓于美育之中，使学生在潜移默化中实现道德教育，传递正能量。因此，作为教师，我们要提升自身的教育理论修养和教学艺术；加强美学和美育知识学习，提高自身的审美能力，注重自身

形象，提升自身形象美。只有这样，才能使师者美德成为美育的有效载体，在潜移默化中熏陶学生的心灵，把思想品德课的正能量通过学生不断传递开来。

反思二：课堂教学应创设情境，营造教学过程的和谐美和创造美，激发学生主体意识，传递思想品德课真善美的思想。

美国教育家杜威曾说："有意识的教育就是特别选择的环境，这种选择所根据的材料和方法都特别能朝着令人满意的方向来促进生长。"案例一、案例二两位教师的课例都注重教学情境的选择，有意识地为学生创设一些具体情境，创造更多的"可能"，使学生能在这些具体情境中，扩展自己的视野，丰富自己的存在感受。如案例一教师运用问题情境教学，就"我们应该如何培养亲社会行为"这一问题进行探究；案例二中的教师创设竞争情境，这些都是学生身边事，都是学生感兴趣、易接受且有教育意义的问题，从而容易激发学生主动参与的意识。同时，两位教师又巧用学生自己提出的问题，活用学生出现的困惑，把教师的设疑与学生的质疑有机结合起来，这不仅引发学生的学习兴趣，又能撞击学生的思维火花，激活了课堂。可以想象，如果把学生规定在呆板的课堂上，把内容限制在有限的教材里，学生思维空间便会过于狭窄，课堂教学便会丧失生命力，课堂教育也会因此成为脱离生活实际的乌托邦教育，更谈不上利用思想品德课堂来传递正能量。

可见，课堂教学要传递正能量，其前提是教学情境的创设，如问题情境教学、实例探究教学、竞争情境教学等的创设，都要做到符合初中学生自身特点、面向生活、面向情感、面向兴趣爱好，并适时渗透美育教育，激发学生情绪，加深学生的情感体验，从而获得学生在情感上的认同、认识上的提高、行动上的自觉，思想品德课传递正能量的功能才能得到发挥。这就要求教师在教学过程中努力通过各种美的事物、美的现象，引导学生认识美的规律，完善审美心理结构，激发学生的想象力，加深情感体验，使之获得真知，开阔视野，启迪智慧，发展思维。同时还要注重寓教于美，以美激情，以美引善，使学生在美的氛围中实现潜移默化的道德教育，在思想品德课中感悟到正能量并不断传递。

反思三：课堂教学应注重开发和利用动态生成的资源，在学生的灵魂里播种美德，引导学生传递正能量。

常言道："知之者不如好之者，好之者不如乐之者。"渗透美育能使人在对于美的追求中明善恶，归心向善，从而乐于接受思想品德课中传递的教育思想。但课堂是动态的，常常会出现无法预见的教学因素和情境。教师要敢于随机调整预设方案，关注学生的动态生成，用有效的预设和教师的智慧去及时引领学生朝着正确的方向前进。案例一、案例二两位教师的成功课例就很好地做到这一点。案例一中的教师正在引导学生"如何以实际行动为创绿做出贡献"的问题时，有学生突然抛出"叫校长不能开汽车来学校"。该教师很好地捕捉到这一点，随时调整预设方案，引导学生设计倡议书，不仅倡议校长、教师少开汽车来学校，而且倡议学生上学、放学不坐私家车，自己骑自行车或坐公共汽车。适时对学生进行低碳绿色环保教育，也及时消除了学生对校长的误会。正是教师在学生不知不觉中随时变动着教学情节，使一般教育的强制性转化为乐于接受教育的自觉性，同时增强了学生的公民意识，使学生在潜移默化的教育中为自己的灵魂种下了美德，课堂因生成美德而美丽。而案例二中的教师用他的聪明才智，特意创设了两个对比的情境，发掘了学生生活经验方面的情感体验，课堂因生成情感体验而精彩。

可见，政治课堂教学借力美育，传递正能量，离不开开发和利用动态生成资源。开发和利用动态生成资源是教学主体性的体现，是实现思想品德课堂三维目标统整的必要条件。这就需要我们在教学过程中整合美育资源，做到挖掘教材美育资源，落实到课堂；发掘网络美育资源，充实课堂，加大审美教育力度，提高学生辨别真假、善恶、美丑的能力；利用学校美育资源，用于课堂、丰富课堂。同时需要教师加强教学反思，完善教学方法，提高教学机智，引导学生将情感体验转化为道德实践能力，使学生在潜移默化的教育中为自己的灵魂种下美德。

同时案例一、二中两位教师的课例也使我们看到，我们的政治教学力图以生活逻辑为基础，渗透美育，关注学生情感体验，但以践行途径，实现大课堂和小课堂的有机统一，引导学生将书本情感体验转化为道德实践能力，我们做得还不够。借力美育，给思想品德课堂正能量，我们的教学就应走出课堂，积极组织学生参加社会实践，开展社会调查，走进社会，体验生活，让学生通过自己的亲身经历，体验和领悟生活中的美。

总之，教师只要顺应时代发展潮流，更新教育观念，创新思想品德课的教学，美育渗透就一定能不断结出硕果，一定能给思想品德课堂带来正能量。

参考文献

张波. 蔡元培教育名篇［M］. 呼和浩特：内蒙古大学出版社，2009.

在初中政治课教学中渗透美育教育的实践探索

周银娜

摘 要： 初中政治课理论性强，单纯的说教无法调动学生的学习兴趣，所以要加强美育的渗透，才能让学生在享受美的同时引起情感的共鸣，实现美育与德育双赢的效果，这就要求教师要提高自身素质，充分挖掘教材美点，创新教学方法，搜集学生生活中的美育案例，提高政治课的实效性。

关键词： 政治教学 美育教育 探索

什么是美育？从本质上来说，美育就是审美教育，是一种以情感人，理在情中，以生动鲜明的形象为手段，使个人在爱好兴趣的形式中、在娱乐中接受的教育。[1]中学阶段正是青少年生理、心理发展的关键时期，青少年时期的身心具有很强的可塑性，同时也缺乏明确的是非、善恶和美丑的观念，这时美育就显得尤为重要，将直接关系青少年的身心发展。而初中政治课理论性强，单纯的说理教学难以培养学生的审美能力，实现其德育功能。所以，在政治课教学中必须加强美育的渗透，调动学生的学习兴趣，使学生在掌握知识的同时也能引起情感的共鸣，真正实现其教育功能。具体而言，可从以下三个方面入手：

一、提高教师素质，营造美的课堂气氛

政治课理论性较强，如果采用单纯的说教，会使学生的情绪体验很不愉快，致使他们逐渐滋生厌学情绪。要想改变这种被动局面，就要在教学中运用美的方法和手段，以美的形象、美的情感、美的语言、美的艺术、美的生活去吸引学生、感染学生，从而提高教学效果。这就要求教师要提高自身素质，具体做法如下：①加强师德修养，以身作则，率先垂范，以自身的人格魅力去教育和影响学生。②在教学语言方面，力求形成独特的语言风格。课堂教学中教师除了使用准确的专业术语，语言优美、生动、幽默，富有哲理性和科学性外，还可以在课堂中引用潮汕民谚俗语，使课堂语言更增添趣味性。如讲授"不良行为有可能发展为违法犯罪"这一知识点时，笔者就引用了"趺钱蚍壳起，做贼偷掖米"[2]这一潮汕民谚俗语，让学生在通俗易懂的乡土文化的基础上掌握新的理论知识。③努力提高教学水平，设计有新意的导入引起学生的学习兴趣；教学过程中教学内容处理得当，重难点突出，思路清晰，让学生感受到节奏美和结构美；结束语概括性强，并能升华知识情感，对学生有较大的启示和激励作用。④教学过程中采用丰富多样的教学方法和精美的教具，如多媒体教学，采用学生喜闻乐见的图片、录音、视频，展现图、文、声并茂的教学情景，让学生在享受美的同时，愉悦地学习知识，升华思想情感。在课堂教学中，教师通

过人格魅力、语言、教学方法方式的渗透、感染，使学生在美中接受教育，情感得到升华。

二、挖掘教材中的美点，创新教学方法，用美育感染学生

初中政治课的美点在于教材的内容是为了帮助学生培养健康的心理素质，学习中华传统美德等道德规范，树立正确的是非善恶观，增强爱国主义情感，提高思想道德素质，所以教师应充分挖掘教材中的美点，使学生在这种美的知识中受到熏陶和感染。如七、八年级的教材中，设置了融入班集体、我和父母、师生情谊、文明交往、诚实守信、平等待人、与人为善、理解与宽容、欣赏与赞美、竞争与合作等方面的内容，这不仅帮助学生提高了自身的道德修养，也帮助学生构建和谐美好的人际关系；设置了直面挫折、磨砺意志、自立自强、自尊自信、明辨是非、自我负责等方面的内容，帮助学生构建美的心灵。在九年级的国情教育中，我们可以感受到人类通过勤劳勇敢、自强不息地发展生产，解决人与自然的矛盾；仁人志士不畏强暴、不怕困难、浴血奋战，为推翻反动阶级的统治和为自由解放而斗争，特别是中国共产党领导人民进行革命和建设的历程，更是波澜壮阔、气势恢宏，让我们感受到这种推动社会进步，追求社会美好理想的崇高美，从而增强了学生的民族自豪感和爱国主义情感。

另外，除了挖掘教材中美的因素外，还应创新教学方法，从而实现教学的创造美。在原有单一的讲授法的基础上，变换采用案例教学法、合作教学法、探究研讨法、体验法、角色扮演法、情境模拟法、社会实践法等一系列新颖、灵活多样的教学方法，让学生在丰富多彩的形式美的感受中，激发学习兴趣，从而增强教学的吸引力、感染力和说服力，切实提高思想政治教学的实效性。在课堂教学中，还可利用漫画、音乐、诗歌、视频、图像、小品等资源，对学生进行艺术和思想教育，激发学生心灵深处的美好情感，使美育与德育紧密结合，在愉快、活跃的课堂气氛中提升自己的思想觉悟。如讲授"民族区域自治制度"这一内容时，教师可播放宋祖英的歌曲《爱我中华》，并可穿插一些有关少数民族风俗习惯和民族团结的图片，让学生在欣赏优美的音乐的同时，加深对民族团结重要性的认识，激发爱国情感，从而自觉履行维护民族团结的义务。

通过挖掘教材的美点，创新教学方法，使学生在宽松、愉悦的课堂中接受知识的同时，思想觉悟得到提高，实现思想品德课教育的实效性。

三、搜集学生生活中的美例，激发学生情感的共鸣

在现实生活中，学生遇到一点不顺心就很容易唉声叹气，其实"不是世界缺乏美，而是我们缺乏美的眼睛"，因此在教学中，我们要搜集一些典型的事例、感人的故事，特别是学生身边的事例，从学生的生活中发现素材、树立榜样，既生动又贴近学生的实际，以激起学生情感上的共鸣，使学生更易于接受，从而达到教育的真正目的，体现政治课教育的实效性。如学习"我和父母"这一内容时，教师可讲述孝女孟佩杰的故事，让学生在感人的故事中深受启发，自觉地落实到孝敬父母的行动中去；在初三专题"学习道德楷模，点亮道德灯塔"时，列举了最美婆婆陈贤妹、最美妈妈吴菊萍、最美教师张丽莉、最美司机吴斌等一系列"最美人物"，与学生一起感受道德美和社会风尚美，从而增强学生的社

会责任感，使学生自觉地投身到构建和谐美好社会的建设当中去。

总之，在初中政治教学中加强美育的渗透，增强学生的美感体验，既有利于陶冶学生的情操，又有利于开发学生的智力，调动学习积极性，提高学生的综合素质。所以我们要勇于探索和创新，从内容和形式上去渗透美育，就一定能使思想政治课成为充满美的课，既很好地完成课堂的主要任务，又能对学生进行美的教育，为全面提高学生的综合素质做贡献。

参考文献

［1］赵惠平．新课标下中学思想政治教学中的美育渗透［J］．内蒙古师范大学学报（教育科学版），2008，21（2）．

［2］卢锦标．潮州俗谚［M］．香港：天马出版有限公司，2011．

浅谈初中物理实验教学存在的问题及改进措施

许两彬

摘　要： 针对当前初中学生在物理实验上存在的问题以及在实验操作过程中经常出现的情况，本文探讨了初中物理实验教学的改进措施，以达到提高初中生物理实验能力的目的。

关键词： 初中物理　实验能力　培养　探讨

物理实验是物理学理论的基础，现代物理从实验发现开始，并在实验中发展。在实验中人们可以充分发挥主观能动性，控制条件，改变状态，使自然现象的变化有利于得出规律性的认识。[1]初中物理更是多以日常生活中常见的一些物理现象为基础，启发学生如何去探究验证现象的成因，从而掌握一些常用于研究问题的方法、技巧。在这一过程中实验往往成为探究猜想最常用的手段。且初中物理的学习内容多以日常现象为主，实验能力的培养往往也关系到学生的生活能力，如家庭中的电路安全、电路故障的简单维修等，所学知识的实用性能较大地体现在学生的生活实践中。因此实验能力的考查成为初中物理考查中的重要组成部分。而《义务教育物理课程标准（实验稿）》也明确提出：在义务教育阶段，物理课程不仅应该注重学科知识的传授和技能的训练，注重将物理科学的新成就及其对人类文明的影响等纳入课程，而且还应该重视对学生终身学习愿望、科学探究能力、创新意识以及科学精神的培养。[2]

一、初中物理实验教学存在的问题

在应试教育指导下，初中物理实验教学中，学生都过于注重知识的应用，重记、重背、重解题方法，忽视了实验的探究过程的形成。在实际的教学过程中，迫于升学的压力、课时的紧迫，以及实验器材的局限。教师很难经常组织学生进行分组实验教学，让学生充分融入实验的探索中去。一方面，由于课堂时间有限，教师很难放手施为，让学生充分体验实验的完整探究过程：猜想假设—选材设计—收集数据—分析总结—评估，造成教师往往只能将重点放在分析总结上以应对考试，而对选材设计、评估等有所忽略。特别是演示实验，往往一步到位，很快就完成了实验的探究。缺乏很多实验细节、操作技巧上的分析和体会。"失败乃成功之母"这一名言在物理上的体现是尤为突出的，很多物理规律的出现，就是一次次失败实验的经验总结。偶尔故意设计实验失败，从而引导学生分析实验失败的原因，再对实验进行改进探究，可以让学生获得更多的实验体会和技巧。另一方面由于长期的教学习惯、学习习惯，大部分学生很难适应一学期仅进行 2～3 次分组实验教学模式。在我校进行的为期两年的分组实验教学观察报告和学生调查报告中，大部分学

生对于分组实验课充满浓厚的兴趣，但这种兴趣更多偏向于孩子对玩具的渴求。在他们的认识中，实验课体验更多地在于好玩，有许许多多在平常生活中没碰到过的实验器材供他们摆弄。学生缺乏分组实验课程的经验，他们很少有自己动手的经验体会，很难达到教师的期望值；学生的现实生活体验缺乏，在学习上偏重于埋头苦读，缺乏主观意识，在实验上缺少观察体会和对问题的主动思索，对教师的依赖性强。

教学的最终目的应该是教会学生解决问题，而不是局限于课本上无数先人总结的经验。因此，改进初中物理实验教学，提升学生的动手能力显得非常重要。

二、物理实验教学改进的措施

（一）重视分组实验课程的开设

分组实验课程是所有学生能直接接触实验器材的唯一途径，也是实现自主探究最常用、最重要、最有效的途径。实验现象的产生及对问题的思索，有助于增加学生的实验体会，使学生在亲身经历后留下较深的印象。在实验的过程中，学生往往还能体验到交流与合作、实验工具使用的技巧、努力解决问题的喜悦等。可以说分组实验课程的开设是对学生综合实验能力最全面的训练。所以一节成功的分组实验课对于学生实验能力的培养往往能够达到事半功倍的效果。特别是如果能利用分组实验课程的开设，使学生养成良好的实验习惯，让学生能够在遇到问题时，自主思索解决问题的方法。或许，很多年后，学生可能忘记压强的定义是什么，但他至少学会了剪电线、钢管等，能让学生受益终身，学有所用，这才是教学的目的。但是在实际的教学过程中，分组实验课程的开设可以说困难重重。第一，课时时间有限，一节课40分钟很难让大部分学生自由探究并最终顺利完成实验，且很多时候教师还要多花一节课的时间对本次实验进行讲解、总结。第二，实验器材限制，目前大部分学校同年级班级众多，但实验器材更新、购进等往往赶不上课程的改革。甚至某些演示实验都很难做到教师人手一份。针对上述情况，在分组实验课程的开设上我们更应精选精拣，明确实验目的，做好预习筛选。上一学期配套实验手册开设的十几个分组实验，在实际教学中全部完成，显然是不切实际的。应有针对性地侧重精选其中重要的几个（一般2到3个）。如"凸透镜成像规律探究"重于现象分析；"滑轮组机械效率与哪些因素有关"重于数据收集；"伏安法测电阻"重于仪器的使用等。

（二）重视生活小实验的情景创设

作为中学物理课程改革的一项重要内容，综合实践活动已经被列入学校的课程规划。它强调学生乐于探究、勤于动手和勇于实践，关注学生在实践活动中的感受和体验，反对被动地接受学习，强调学生自身的参与、感受、体验和发现。[3]初中物理的教学内容多源于日常生活现象，可以说，它是现行初中各个学科中，与日常生活联系最为紧密的学科。很多的现象，学生都可以在生活中看到，如何引导学生利用一些简便的器材，对这些现象产生的背后原因进行探索，对于学生思维习惯的养成及动手能力的培养是一条行之有效的途径。例如，课程中光的折射现象，一根筷子、一杯水就能简地的实现，还有如教室中的电路设计，家庭中能源的使用效率测量等，这些情景的创设，简单易行，并不需要复杂的工具或专有器具。而学生在解决这些问题时，不但能认识到物理知识的实用性，而且能有效地提高实验设计、数据收集、分析等实验能力。

（三）改进课程设置

目前学校课程安排中，基本上是一个班一天最多一节物理课，很少有一周连续两节课的设置，使得教师、学生在面对综合性、拓展性较高的实验时，无法放手施为。时间捉襟见肘，缺乏对实验现象必要的观察、思考和讨论的时间，总让人觉得实验的完成过于仓促，意犹未尽。当然，物理学科本身在内容设计上，一学期也不可能出现那么多次重要实验。这在学校的课程安排上是一个难以处理的矛盾。不过，目前很多优质学校的课程设置中，都普遍为学生开设一些针对自身兴趣爱好的活动课。这是一个折中的方法，虽不能全面普及，但如果能在选修课程中设置物理实验一栏，教师再精选几个较为有趣的课内或课外实验，让有兴趣的学生能真正走进实验室。这对于这类学生的专业发展，不失为一个有效的措施。美国现行的物理教材《科学探索者》就很注重实践性，教材的许多章节都规定了一些实践活动，让学生利用身边的物品进行动手实验验证知识。国内可以充分引进这一课堂设置。

初中物理教学，除了让学生掌握简单的科普知识外，更重要的是让学生能掌握发现问题、解决问题的能力。学以致用应始终作为我们教学的最终目的，培养初中生实验的探究、动手能力是物理教学中的重中之重，这是教育的目的，更是学科的本质。

参考文献

［1］陶洪．物理实验论［M］．南宁：广西教育出版社，1997.

［2］中华人民共和国教育部．义务教育物理课程标准（实验稿）［M］．北京：人民教育出版社，2003.

［3］黎瑞萍．综合实践活动课程开发与实施指南［M］．北京：中央民族大学出版社，2008.

浅谈初中乡土地理教育的美育渗透

陈惠莹

摘　要： 乡土地理是初中地理教学的重要内容之一，乡土地理教育能让学生更真实地感受到身边的美。本文从乡土地理教育的现状、乡土地理教育的作用出发，阐述乡土地理对初中学生美育教育的重要性，探讨乡土地理教育中渗透美育的途径。

关键词： 乡土地理　地理教学　美育教育　探讨

初中地理教学是"让地理走进生活"，学习对生活有用的地理，培养学生正确的人地关系观。初中生对于自然环境和人文环境知识的了解与掌握，对于人与自然之间的关系认识，是成功发展自我、成功创造价值和高质量生活必不可少的基本素养。因此课堂教育不应只追求理性知识，还应进行美育教育，尤其是地理课堂更应是进行美育教育的重要天地。[1]

地理教学中的美育教育是培养学生对自然环境、人文环境、地理图表的感受，是学生通过想象、体验、欣赏，进行判断和再创造的最佳方式之一，从而让学生形成正确的审美观念。[2]乡土地理教育则能让学生更真实地感受到身边的美。

一、初中乡土地理教育的现状

对于初中生来说，迅速增加的学习科目使他们要集中更多的精力于理性知识的学习，而乡土地理的学习却能帮助学生认识学校所在地区的生活环境，引导学生主动参与，学以致用，培养学生的实践能力，树立可持续发展的观念，增强学生爱祖国、爱家乡的情感。

《新课程标准》对初中生学习乡土地理作了明确的规定，但由于地理学科在初中课程中一直处于较薄弱的地位，教师又没有教材作为课堂依据，现阶段的乡土地理教育可以说几乎为零。

为了调查学生对乡土资源的了解及地理教学中对美育的渗透程度，我们对学生进行了问卷调查的制作及分析。调查结果表明，在学习乡土地理知识的必要性方面，大部分学生认为有必要学习乡土地理知识，并对乡土的民俗文化和开发的旅游景点学习兴趣较大；但调查也表明，大部分学生对乡土地理的知识了解较少，并且在生活中对地理现象的观察不多。这就容易使学生的学习只停留于课堂，而脱离生活实际，形成高分低能的状态。因此，在教学过程中，教师要注重对美育的渗透，扩大学生的知识面，注重培养学生对地理现象的观察习惯。

二、乡土地理有充分的美育资源

潮州是国家历史文化名城、著名侨乡，素有"海滨邹鲁""岭海名邦"之称。这里民风淳朴、人文荟萃，是一座拥有自然美、文化美、民俗美的城市。

（一）潮州的自然美

潮州市位于广东省最东端，韩江中下游，东与福建省接壤，南濒南海，被称为"广东东大门"。这里属亚热带海洋性季风气候，气候温和，雨量充沛，终年常绿，拥有许多自然美景。凤凰山，是潮州众多自然美景之一，山上的天池，池水清冽，终年不竭。每年四五月间，漫山的杜鹃花争先绽放，与澄碧的池水交相辉映，宛如人间仙境。[3]邻近的凤翔峡旅游区，拥有许多的峡谷瀑布，吸引众多的游客前来观赏。除此以外，红山森林公园、归湖镇的幽谷逸林以其清新的空气、幽静的环境成为当地市民和周边游客周末闲暇的好去处；樟溪镇青岚冰臼公园，则是增长冰臼地貌知识的博物馆。

（二）潮州的文化美

潮州拥有悠久的历史。走进潮州，可以领略"世界第一座启闭式桥梁"——广济桥的绝世风采，可以畅享潮州工夫茶"习尚风雅、举措高超"的独特韵味，可以重温百代文宗韩昌黎八月治潮的千秋佳话。[4]潮州方言，即潮州话，属汉语方言八大语系之一的闽语系。它的词汇丰富，幽默生动，富有极强的表现力，并保存着很多古汉语的成分，被语言学家称为"古汉语的活化石"。潮州饮食文化别具一格，其中最具有代表性的当属潮州菜和潮州工夫茶。潮州菜口味清淡、做工精巧，品种繁多的精美小吃让游客们的味蕾得到充分享受。潮州工夫茶则选取当地凤凰山上出产的茶叶，以小杯冲泡，讲究泡茶工序，如"关公巡城""韩信点兵"等，让人们在品茶的同时也能感受到中国的传统文化。

（三）潮州的民俗美

潮州的民俗活动丰富多彩，具有典型的地方特色。潮州人的先祖多来自中原地区，因此也带来了各地时年八节和生老婚娶的习俗。如独具特色的乡村游神赛会，潮俗成人礼——出花园。这些民俗活动学生在生活中都能亲身感受到，在教育教学过程中，地理教师都可进行讲解渗透，让学生深刻地体会家乡的民俗美，增强学生爱国、爱乡的情感。

乡土地理可以在地理课堂中进行美育教育，还可以教育学生认识自然、欣赏自然，吸收自然之灵气改造自然，不仅如此，还可以使地理课堂变得生机盎然。

三、在初中乡土地理教学中进行美育的途径

（一）创造"自主性学习"的课堂学习模式

潮州市高级实验学校的学生基本上是本地生源，他们对于潮州乡土地理多多少少都有一些认识，只是没有进行系统的学习，在理论方面较为欠缺。潮州市教育局教研室曾经在20世纪90年代编写了《潮州地理》一书，作为初中乡土地理教学教材，但实施了几年就停止了，这主要与地理学科在初中教学的薄弱地位有关。缺少教材，教师就要做"无米之炊"，但由于乡土地理的内容与学生的日常生活息息相关，教师可让学生去找"米"。

"自主性学习"的提出也符合学校建构"高效课堂模式"的理念，教师可先简明扼要

地提出学习目标，让学生利用假期时间搜集相关资料，还课堂于学生，教师要从"一线"退到"二线"，创造条件尽可能地让学生自主把握课堂，成为课堂学习的主人。教师在教学过程中引导和激励学生主体的自觉意识并且使学生愿学、会学，向生活索取知识，从而养成和发展学生的个性品质。

（二）创设"合作性学习"的课堂学习模式

随着科学技术的不断发展，生活水平的不断提高，学生的基本素质也有了很大的提高。没有教材的初中乡土地理课堂，学生搜集的资料更能体现它的价值。在这样的课堂上，学生们不是为了考试而学习，而是在于提高学生的学习兴趣，提高学生合作探究的能力，提升学生的审美观，真真正正地将美育教育渗透于地理课堂中。

在合作性学习过程中，我们可将学生分成若干个小组，每个小组都有自己的主题。学生可以以"美食"为主题，也可以以"美景"为主题，或者以"民俗"为主题……小组内成员互相交换学习资料，积极开展讨论，教师在课堂教学中是引导角色，而不是知识的灌输者。学生通过合作性学习学会与人交流、互通有无，体验合作性学习的成功。同时也培养了学生认识家乡"美"、欣赏家乡"美"的能力，进而激发学生热爱家乡的情感。

（三）鼓励学生积极参与社会实践活动

古人说："读万卷书，行万里路。"乡土知识其实就在学生的生活中。社会实践活动可由学校组织，也可以是学生个体在家长或教师的引导下参加。学校在今年学雷锋活动中就组织部分学生走进农家生活，在体验劳动乐趣的同时，也培养了学生热爱家乡的情感。

当前的教育环境使得学生集体参加社会实践的机会很少，教师要鼓励学生个体积极参加社会实践活动。潮州拥有很多美景，学生可利用假期去欣赏美景、品尝美食、体会民俗……通过参加活动，积累乡土知识，认识家乡的美。教师则是引导学生仔细观察身边的地理事物，理论联系实际，懂得人地关系的协调发展是促进当今社会可持续发展的重要基础，培养学生热爱家乡、建设家乡的情感。

总之，地理课堂特别是乡土地理课堂尤其适合美育教育。通过乡土地理的学习，可以让学生对家乡、对祖国有更深切的感受，从而有助于学生萌发热爱家乡、热爱祖国的情感。[5]只要教师善于发现地理教学中和乡土中的美育素材，根据教材的情况结合身边的实例多想几个方法去有机渗透美育成分，就能打造人人爱听，并能提高学生美学兴趣的地理课。

参考文献

[1][2] 美拉. 浅谈高中地理课堂中的美育教育［J］. 学园：教育科研，2012（18）.

[3][4] 曾楚楠，佃锐东. 潮州胜概［M］. 广州：花城出版社，2009.

[5] 陈澄，樊杰. 地理课程标准解读（实验稿）［M］. 武汉：湖北教育出版社，2002.

探寻传统体温计演变中的人类智慧

——对体温计演变的思考

罗英俊

摘　要：体温计有四百多年的发展历史，经过人类多次改进完善，已经分化成可适合人类在不同场合环境下使用的多种体温计。其中，传统体温计是一个经典杰作，它蕴含着人类的智慧。

关键词：传统体温计　演变　人类智慧　探讨

体温计应用于临床已经有半个世纪，然而它的发明研制却花了近三个世纪。[1] 之后体温计作为现代医学中的"医用温度计"，也已经有四百多年的历史，从最初 1592 年伽利略发明的气体温度计，到 1654 年伽利略的学生改进的酒精温度计，到 1664 年意大利医学教授圣托里奥初次尝试的原始水银即汞——一种化学元素体温计。一直到两百年后的 1867 年，这种原始水银体温计才发生重要的关键性改进，英国伦敦的一位名叫奥尔伯特的医生，在液泡与玻璃管之间增加了缩口（细弯管），这样就制成了后来的传统体温计，它有大而薄的液泡、极细玻璃管、缩口（细弯管），还有能离开人体计数等特点，从而具有符合医疗需要的优势：准确、方便、人性化等。以至于它在后来的一百多年里没有多大的变化，一直沿用至今。可见人们对它的认可和信任，也说明它集结着巨大的人类智慧。

然而，最近二十几年，传统体温计逐渐被许多新型温度计所替代，它似乎正在退出医学测量的舞台，十分可惜。笔者认为应该好好回顾一下它的原理，或许能为它找到新的出路。

一、反应准确和迅速

准确是所有测量工具的共同目标，身体状态与体温密切相关，体温计当然需要准确，它需要检测身体的毫厘变化；而迅速则尤为重要，正所谓"人命关天"。这种准确和迅速的优势是缘于巧妙的选材，合理的结构，显然这也是一种智慧。

（一）选用水银非常合适

1. 比热容小

吸收一点点热量，就能够达到与人体相同的温度，这只需要在极短的时间内完成。因此非常迅速，为做出诊断赢得时间。

2. 水银的热膨胀线性很好

热膨胀线性好，则所标定的每一等分均匀，更可靠，所以每一个分度都能够准确。不单是体温计，其他温度计也是选用水银比较好。

（二）结构合理

体温计玻璃泡大又薄，玻璃管细又长。

1. 大

能够容纳较多的水银，质量约 1 克。虽然水银的热膨胀系数并不大，但对比酒精和煤油却有热稳定性好的特点。而为了克服其热膨胀系数并不大的弱点，人们将玻璃泡的容积扩大，用膨胀的绝对量即体积差来弥补，使之变化明显。

2. 细

与玻璃泡相连的玻璃毛细管细，是由于水银有对玻璃不浸润的性质。不浸润，即不用担心水银回落时会沾在管壁上而影响计数，因此，玻璃毛细管可以很细。更重要的是，下方玻璃泡中水银膨胀时挤入玻璃毛细管时，由于横截面积小，可以伸得更长；生产制造时能够对玻璃毛细管进行更精细的划分，因而分度值更小，达到 0.1℃，肉眼可以直接观察到，这是准确的技术保证。

3. 薄

这一特点使它能够更快地完成热传递，将水银比热容小的优势充分体现出来，使它达到身体相同温度的时间变得更短，这是迅速在硬件上的保证。

综合以上几点看，它集中体现了人类的"规整智慧"：①优势互补；②用绝对差来弥补相对差。水银有比热容小、热膨胀系数线性很好、不浸润三大优势，但是，它的膨胀系数较小是弱势。人们利用体积大，用绝对差值来弥补这个弱势，同时，玻璃毛细管细，也能产生一个明显的绝对差值，让人们有充足的空间去划分分度值。玻璃的导热性能并不好，用壁薄来弥补这个弱势等。

二、设计人性化

体现在：有缩口；倒圆角的三角形截面，液柱的背景是白色的，外观制作精良。

（一）有缩口

其实，体温计最初的使用推广并不顺利，主要存在几个原因：外观体积大、分度值太大、不稳定、受气压影响、读数不方便、不雅观等。后来，有个英国医生阿尔伯特，想出了个好办法：在温度计的玻璃泡与玻璃管连接处设置一处狭道。这样，当水银受热发生膨胀时，会沿着非常狭窄的玻璃管上升，取出体温计读数时，水银柱并不下落，而是在狭道那里被掐住而断开，使狭道以上的部分始终保持体温读数。读数后又用力甩一下，液柱就回去了。这个狭道就是缩口，也叫细弯管，这是传统医用温度计走向成熟的重要标志。

最初的温度计

缩口的出现，让医生和护士使用体温计时不再顾忌体味、感染、性别等，也不再尴尬人身体部位，任何位置测量好了都能取出读数，集中体现了人性化设计。所以，这也是体温计历史上最重要的变革。

（二）倒圆角的三角形截面

1. 拿捏稳当可靠

因为人的三个手指头捏起来，中间的间隙就是一个三角形，这样读数时，手要握住体温计靠近尾部的一端，视线垂直刻度面，慢慢转动体温计，从有倒圆角的棱看到很粗的水银柱，读出相应的温度值。这种三角形截面的设计，有利于使用者转动时拿捏稳当可靠。读数完毕，手要同样地握住体温计靠近尾部的一端，甩一甩，而三角形截面设计拿捏起来比较舒服。

体温计的大液泡和缩口

2. 力学稳定性好

三角形截面重心始终落在支撑面内，能保证放置时不会翻滚，不容易掉落，也不需要考虑专门的放置平面，即使是倾斜的台面也能旋转稳当。这在急救中能更好地得到体现。

3. 有利于计数时的角度调整

体温计只有一个方向可以读数，观察时需要调整角度才能达到最佳的效果，计数时经常要调整角度，这比圆的效果要好许多。

4. 倒圆角能放大液柱

体温计的液柱很细，而且是银灰色，观察不容易，首先必须放大。三条棱都倒成正规的圆角，能够构成凸透镜，使液柱落在焦距以内，起到放大效果，便于观察刻度。

5. 液柱的背景是白色的

就是在三棱柱的一个柱面涂上白色的油漆，为了读数时跟银灰色的液柱构成比较强的对比，便于读数。这样，体温计的刻度就刻在这个柱面的相对的倒圆角的棱上。

6. 外观制作精良

手感很好，与身体的任何部位接触都不会有太大的不适。

以上这些人性化特点充分应用到了力学、光学、人体工程学和视觉生理学等，尽最大可能让体温计适应人的工作环境，使用时的精确度要求，以及人的生理和心理要求，是体温计设计制作中的人类智慧的重要表现。

三、致命硬伤——壁薄

玻璃泡的壁薄是体温计为了更好进行热传递，是为克服玻璃传热不快的弱点而设计的。这是设计制作中人们智慧的体现，是它的优点之一。但由于它壁薄，水银体温计易碎、易折，其中的汞又极易挥发，由此造成的环境污染不容忽视。[2] 因此这个优点也是它致命的弱点，最终也是它被淘汰的最致命的理由。

汞对人类的危害到底有多大？是否可以克服？

一支普通的棒式玻璃体温计含汞约1克，打碎后外泄的汞全部蒸发，可使一间15平方米大、3米高的房间内空气汞的浓度达到22.2毫克/立方米。我国规定的汞在室内空气中的最大允许浓度为0.01毫克/立方米。一般认为，人在汞浓度为1.2~8.5毫克/立方米

的环境中很快会引起中毒。汞的危害来自它的氧化物 HgO，俗称三仙丹，它受光的作用缓慢地变为暗黑色，具有毒性。它可以蒸气的形式通过空气进入人体，影响人的呼吸道；也可以通过接触皮肤进入人体，进而危害人体的呼吸系统、消化系统、中枢神经系统、排泄系统等；影响细胞生长，对染色体有致畸作用。可见危害巨大。

考虑到水银体温计的汞危害，许多国家都已经对其采取了禁止措施。早在 1992 年，瑞典就已禁止销售所有含水银的医疗设备。随后，英国、法国、丹麦和荷兰也先后禁止销售和使用。美国自 2000 年起，旧金山、波士顿和密歇根等 13 个州市开始禁售水银体温计。欧盟委员会也从 2005 年起禁售水银体温计，并从 2011 年起禁止其出口。2008 年 12 月，阿根廷政府也宣布禁止生产和进口水银体温计。世界卫生组织也已建立全球汞消除计划，目标是在 2017 年全球减少含汞体温计和血压计需求的 70%。

但在中国并未禁止使用水银体温计。水银体温计在医疗领域和普通家庭被广泛使用，一些药店就可以买到水银体温计。来自中国医疗器械行业协会的数据显示，2008 年全国生产水银体温计耗汞 109.25 吨，相当于 218.5 亿支标准含汞节能灯的用汞量。据统计，国内每年大约生产 1.2 亿支含汞体温计，而中国每年因水银体温计破损而当作废物处理的水银就有 10 吨以上。

随着国际上禁汞、限汞呼声日益高涨，含汞产品的前景不容乐观。此外，目前水银体温计替代产品的工艺和技术也日臻完善。[3] 水银体温计即将退出医学测量的舞台，但是，它所蕴藏的人类智慧和对人类的贡献，都是值得我们去思考和回顾的，特别是一个科技教育工作者，应该努力寻求突破它的致命弱点，使之发挥准确、简单等优点来为人们服务。

参考文献

［1］王龙. 体温计：一个漫长的发明［J］. 发明与创新（综合科技），2011（1）.

［2］［3］郝春玲，沈英娃. 我国水银体温计生产及用汞情况研究［J］. 环境科学研究，2006（1）.

家校联手　教促并进

——浅谈如何培养学生良好行为习惯

刘丹子

摘　要：学校与家庭是培养学生良好行为习惯的两个重要组成部分，缺一不可。只有实现学校与家庭的有效联合，建立有效的家校交流平台，才能真正地促进学生良好行为习惯的形成。

关键词：中学生　培养　行为习惯　探讨

法国学者培根曾经说过："习惯是人生的主宰，人们应该努力地追求好习惯。"的确，行为习惯就像指南针，指引着每一个人的行动。纵观历史，大凡获得成功的人，都长期坚持良好的行为习惯。学生良好行为的形成不仅仅需要学校的教育引导，还需要家庭的积极配合，有道是："身教重于言教。"父母良好言行举止对学生良好行为的形成具有十分重要的影响力，能够直接影响学生各种良好习惯的养成。正如日本教育家福泽谕吉所说的："家庭是习惯的学校，父母是习惯的教师。"那么，教师在日常的学生行为习惯教育过程中应如何去实施呢？

一、从家教入手，帮助家长树立正确的教育观，注重对孩子进行正面情绪的引导

家庭是人生的第一所学校，父母是孩子的第一任老师，家长的言传身教是家教成功的必要条件。托尔斯泰说过："全部教育，或者说千分之九百九十九的教育都归结到榜样上，归结到父母自己生活的端正和完美上。"斯特娜夫人说得十分透彻："孩子是父母的影子。为了培养孩子的品德，父母的行为要自慎，应处处做孩子的表率。孩子好的行为或坏的行为都是父母教育影响的结果。"[1]因此，培养学生良好行为习惯，首先是从这个学生的家庭开始，从家长入手，通过与家长沟通，改善家长的教育思想，提高对高尚道德行为教育的认识，传授科学的教育方法。家长尽量抽时间在家陪伴孩子，和孩子交朋友，多鼓励、表扬，少批评、责骂，合理对待孩子的需求，不盲目满足孩子的要求，对孩子不溺爱。正如一位家长所说："父母要和孩子真正做到心贴心，你就得用孩子的方式，就得把自己还原成儿童。我不但要参加儿子的生日聚会，还经常在聚会上给儿子的朋友赠送礼物。"通过与孩子交朋友，与孩子建立相互尊重和信任的关系，在友谊中促使孩子树立起明确的奋斗目标，并经常鼓励孩子为自己的目标而努力。

二、从回访入手，建立家校共管机制，及时关注孩子行为习惯的变化

在日常教育过程中，教师要经常和家长进行电话交流，定期和家长会面并交流孩子的

情况，邀请家长前来参加学校举办的有关礼仪养成的讲座或其他亲子活动。让家长能够联合学校对孩子进行教育。同时，教师也可以通过建立班级家长 QQ 群、微信群等沟通平台，帮助家长树立正确的教育观，掌握科学的教育方法，及时相互反馈学生在学校、家庭中的情况，进行有效沟通，使家长与学校的沟通形成一种机制，这样学校与家长的教育就实现了有机的联系，让学生时时刻刻都生活在良好的教育氛围之下，最后达到家庭与学校教育共赢的目的。实践证明这种沟通是有效的，而且是明显的。尤其是在推进后进生不良习惯转变工作中效果非常明显。

三、从疏导入手，以"情"为基础，充分发挥孩子的主观能动性

在培养孩子是非观念的过程中，必须坚持正面诱导，以理服人，切忌简单粗暴，以势压人。尤其是对于初中阶段的孩子更要善于开展心理辅导，于情感交融中让孩子受到激励、鞭策、鼓舞、感化、呼唤、指导和建议。实践证明也必须将思想品德教育与法制教育融入家庭教育中，这样才能更好地与学校教育相衔接，更有效地帮助孩子树立正确的人生观，明辨是非，正确识别什么是真善美，什么是假恶丑，培养出良好的日常行为习惯和良好的道德品质。因此，在家庭教育的过程中，一旦发现孩子出现某种不良行为习惯的苗头，如孩子经常说粗话、喜欢与校外不良人员交往等行为，家长要及时与孩子进行沟通，寻找症结和合适的解决方式，从心理疏导出发，晓之以理，动之以情，让孩子明白其不良行为可能会出现的不良后果。同时，家长要及时将信息反馈给学校，使学校对孩子的疏导教育与家庭教育同步。

四、从渗透入手，结合《弟子规》的学习，培养孩子的自律性

良好的行为习惯既不是从天上掉下来的，也不是生来就有的，而是在长期的学习和生活中，通过自我磨炼、自我约束、加强修养而形成的。因此在家庭教育过程中也要结合学校的德育教育，推进《弟子规》的学习。将《弟子规》的内容融入家庭生活中，让孩子在家庭生活中时刻体验到《弟子规》中教导的"孝敬父母"的感恩教育，使孩子自觉地树立感恩思想，通过思想带动行动，树立良好的为人处世的行为习惯。同时，学校也要根据学生的认知特点，采用"借助生活，了解生活"的方式，组织开展"做家务"活动，鼓励学生每天回家为家庭做一件家务或帮助父母做一件贴心事，让学生体验父母的辛苦。实践证明，通过这样的教育活动不但锻炼了学生的动手能力，体验了父母平日的辛劳，增进学生与父母之间的情感，而且也相应地提高了学生的劳动积极性，培养了健康的日常行为习惯。

原中宣部常务副部长、中国家庭文化研究会会长徐惟诚说过："人的全面成长过程中，良好行为习惯的养成必须渗透到各种教育中去，否则就不可能很好地完成教孩子怎样做人的任务，所以，养成教育应当是每一位教师、每一位家长都应掌握的教育艺术。"[2] 因此，将家庭教育和学校教育更加紧密联系起来必然会使教育效果事半功倍。我们要努力寻求学校教育和家庭教育之间的契合点，加强家校联手，在共同教育方面形成共识，优势互补，形成巨大的教育合力，矫正学生的不良习惯，促进学生良好行为习惯的形成。

参考文献

［1］斯特娜．斯特娜夫人的自然教育［M］．方舟，编译．北京：朝华出版社，2010.

［2］林格．教育就是培养习惯［M］．北京：清华大学出版社，2013.